Abraham | Literarisches Schreiben

Bildung und Unterricht

Ulf Abraham

Literarisches Schreiben

Didaktische Grundlagen für den Unterricht

Reclam

RECLAMS UNIVERSAL-BIBLIOTHEK Nr. 14080
2021 Philipp Reclam jun. Verlag GmbH,
Siemensstraße 32, 71254 Ditzingen
Gestaltung: Cornelia Feyll, Friedrich Forssman
Druck und Bindung: EsserDruck Solutions GmbH,
Untere Sonnenstraße 5, 84030 Ergolding
Printed in Germany 2022
RECLAM, UNIVERSAL-BIBLIOTHEK und
RECLAMS UNIVERSAL-BIBLIOTHEK sind eingetragene Marken
der Philipp Reclam jun. GmbH & Co. KG, Stuttgart
ISBN 978-3-15-014080-2

Auch als E-Book erhältlich

www.reclam.de

Inhalt

Einleitung

> »Im Lauf des Schuljahres habe ich bei vielen Schülern den Eindruck gewonnen, dass sich [...] das Vertrauen in ihre sprachlichen Fähigkeiten durch das Schreiben positiv entwickelt hat. Die Schüler schätzten, dass es einmal nur um ihren eigenen Text und darum ging, was sie persönlich ausdrücken wollten. Selbst die Mühsal, das Geschriebene nochmal und nochmal unter die Lupe zu nehmen, wurde erträglich [...]. Dass wir uns gemeinsam über die Details beugten und dass ich ihnen zutraute, ihre Texte noch besser zu machen, war für manche sehr motivierend. Sie konnten die Ergebnisse dieser Einzelgespräche in vielen Fällen auch gut umsetzen – ganz abgesehen vom Gewinn an persönlicher Beziehung, der dadurch entstand. Dieses Ergebnis scheint mir noch viel wichtiger als das am Ende entstandene gedruckte Heft mit den gelungenen Texten.«

Diese Zeilen aus dem Erfahrungsbericht der Gymnasiallehrerin Daniela Muthesius (Faust-Gymnasium Staufen) nach einer fast zweijährigen Fortbildung im Literarischen Schreiben (Krottenthaler Hrsg. 2020, 20–27; Zitat 20) stehen hier exemplarisch für Berichte, die dessen Einsatz im Deutschunterricht der Jahrgangsstufen 5–13 dokumentieren. Vielfach betonen diese Berichte, dass es beim Literarischen Schreiben nicht um die gelegentliche ›kreative Aufgabe‹ geht, sondern um das gemeinsame Erreichen längerfristiger Ziele (in diesem Fall legte eine 10. Klasse eine Auswahl aus im Unterricht entstandenen Geschichten vor, produziert mit Hilfe des Literaturhauses Freiburg). Der prozessbegleitende Lernfortschritt im Rahmen eines Unterrichts, der Schreibförderung generell wichtig nimmt und den Schülern die Mittel an die Hand gibt, eigenständig und kollaborativ gute Texte zu erarbeiten,[1] umfasst neben einem wachsenden Zutrauen zu den eigenen Fähigkeiten auch ein tieferes Verständnis für literarische Formen sowie Vertrautheit im Umgang mit Techniken der Rückmeldung und Textüberarbeitung. Letzteres ist von übertragbarer Bedeutung weit über das Literarische Schreiben hinaus.

Anders als »kreatives Schreiben«, das im Rahmen pädagogischer und andragogischer Praxis vor allem auf Förderung der Phantasie und Freude am Spiel mit der Sprache abzielt, stellt literarisches Schreiben eine kulturelle Praxis der Literatur als Kunst in den Mittelpunkt. Zu dieser Praxis gehören der literarische Markt, aber auch Laienpraxen des Schreibens und nicht zuletzt der Deutschunterricht. Hier verbindet literarisches Schreiben literaturdidaktische mit schreibdidaktischen Zielen, indem es neben die literarische Rezeptionskompetenz eine entsprechende Produktionskompetenz stellt: Analog zu den Fächern Kunst und Musik, in denen künstlerische Praxis selbstverständlich zum Fachunterricht gehört, etabliert sich gegenwärtig auch im Fach Deutsch eine Praxis, die den herkömmlichen Blick auf Literatur um einen handwerklich-produktiven ergänzt und die Beherrschung literarischer Verfahren vermittelt. Seit der Erweiterung des Textbegriffs in den 1970er Jahren werden zwar fiktionale Texte auf einer erfreulich großen Bandbreite gelesen und interpretiert; aber hinter die Vermitt-

1 Zu entsprechenden Verfahren vgl. Kap. 4.2, wo u. a. das Konzept von Daniela Muthesius vorgestellt wird.

lung der dazu nötigen Analysebegriffe trat die Frage, mit welchen sprachlichen und medialen Verfahren Schriftsteller- und Medienmacher*innen (auch kooperativ) ihre Texte erarbeiten, meist deutlich zurück.

Hier setzt der vorliegende Band an. Literarisches Schreiben ist sowohl mit Lernenden in der Schule und Hochschule als auch mit Lehrkräften im Rahmen von Langzeitfortbildungen – beides unter Mitwirkung von Expert*innen literarisch-medialer Praxis – inzwischen so weit erprobt, dass über literarische Schreib- und mediale Produktionsaufgaben und deren Ergebnisse substanzielle Aussagen getroffen werden können. Diese vermitteln Leser*innen, die das Konzept für ihren Unterricht in und außerhalb der Schule adaptieren wollen, eine Vorstellung davon, wie vielfältig Lernende beim Verfassen literarischer Texte profitieren, wie sich dabei die Rolle des/der Literaturlehrenden im Verhältnis zur derjenigen literarischer Novizen ändert und wie schließlich der Unterricht sich insgesamt wandelt. Dieser wird zu einem prozess- und feedbackorientierten Schreibunterricht, der auch mit Formen und Ausdrucksmöglichkeiten literarischer Sprache umgehen kann.

1 Literarische Produktion in der kulturellen Praxis und im Deutschunterricht

1.1 Der literarische Markt und seine Akteur*innen

Der literarische Markt

Im Vergleich zur Literatur vergangener Epochen, die bereits durch den Filter wissenschaftlicher Beschreibung, Ordnung und Kanonisierung gegangen ist, wirkt die Literaturproduktion der eigenen Gegenwart zunächst unübersichtlich, vielgestaltig und sozusagen unaufgeräumt. Das Potenzial der Gegenwartsliteratur für literarisches Lernen, klagen Irene Pieper und Tobias Stark, werde im Deutschunterricht nicht recht ausgeschöpft (vgl. Pieper/Stark 2016, 9). Dabei gewährt die Gegenwartsliteratur nicht nur »Einblicke in Praktiken des aktuellen literarischen Kulturbetriebs« (ebd.), sondern liefert in geeigneten didaktischen Settings auch Anregungen für literarisches Schreiben. Selbst wenn Schreibende mit ihrem Tun keine professionellen Ansprüche oder ökonomischen Erwartungen verbinden, orientieren sie sich erfahrungsgemäß mehrheitlich zunächst an aktuellen literarischen Publikationen – an Romanen, Erzählungen, Gedichten, Theaterstücken der Gegenwart und der jüngeren Vergangenheit. Ohne für den literarischen Markt schreiben zu wollen, stehen sie hierdurch dennoch mit ihm in Beziehung. Denn literarisches Schreiben braucht Vorbilder, Textmuster und gleichsam praktikable Verfahren, die erprobt und adaptiert werden können (vgl. Kap. 2.1).

Auch diesseits einer mindestens partiell bewussten Orientierung am ›literarischen Markt‹ ist dieser in den entstehenden Texten präsent, insofern jede Zeit ihre eigenen Themen, Probleme und Darstellungstechniken hat, in denen sie sich ausdrückt. So zeigen etwa Beiträge zu einem Sammelband, herausgegeben von Zemanek & Krones (2008) über die zwischen 1995 und 2005 erschienene internationale Erzählliteratur, d.h. über die Literaturproduktion der ›Jahrtausendwende‹, dass literarische Texte um das Jahr 2000 vornehmlich die soziopolitischen, kulturellen oder ökonomischen Ereignisse der Jahrtausendwende thematisieren. Sie entwickeln dafür spezifische Darstellungsverfahren und sind dabei bedingt durch die Strukturen des literarischen Markts dieser Jahre. Durch ihre Referenz auf Geschehnisse, Lebensbedingungen und Veränderungen um jene Zeitschwelle werden sie symptomatisch für diese (vgl. ebd., 11). Ein Beispiel ist Björn Bickers beeindruckendes Buch *Illegal. Wir sind viele, wir sind da* (2009), angesiedelt an der Grenze zwischen fiktionalem und faktualem Text und gestaltet in konsequenter Kleinschreibung als fortlaufende Ich-Erzählung vom Leben in einem Land, in dem man offiziell nicht existiert. Viele ›Ichs‹ ergeben ein ›Wir‹; oft in Prosa, dazwischen aber auch in lyriknaher Rede, entsteht so etwas wie ein Fremdbild von Deutschland.

Nun ist der ›literarische Markt‹ eine begriffliche Abstraktion, die zwar von Deutschlehrkräften kritisch diskutiert werden kann, kaum aber von Lernenden in der Schule. Dass dieser Markt nicht nur aus einem Angebot an Büchern und anderen Medien besteht, sondern »Kommunikation, Aufmerksamkeit, Inszenierung« (Schneider 2013, 235) ist, muss für den Unterricht an Beispielen konkretisiert werden. Dies ist am besten über die Beschreibung der Orte und Institutionen zu leisten, an denen Literatur entsteht und an denen sie verbreitet, besichtigt, erforscht, diskutiert und inszeniert werden kann (vgl. Wrobel & Ott 2019): Solche Orte und Institutionen sind u. a. Bibliotheken, Buchhandlungen, Buchmessen, Dichterhäuser, Literaturfestivals, Literaturhäuser und -museen. Sie alle können genutzt werden als außerschulische Lernorte, an denen Literatur gleichsam geschieht und dabei beobachtet werden kann, wie sie sich in der Konkurrenz der Medien behauptet, ihr Publikum erreicht und auf ihre eigene Weise in aktuelle soziale und politische Diskurse eingreift.

Wie in einem Brennglas zeigt sich das in der Institution Literaturhaus (vgl. Abraham & Krottenthaler 2019): Literaturhäuser sind ein zentraler Umschlagplatz der »kulturellen Praxis Literatur«.[2] Meist in Vereinen und Stiftungen organisiert, sind sie das »Forum« der Literatur schlechthin (vgl. Moritz 2009). Sie veranstalten Lesungen mit bekannten oder – vor allem im Rahmen der Nachwuchsförderung – noch unbekannten Autoren, konzipieren Kinder- und Jugendprogramme, Film- und Hörspielabende, Ausstellungen und Workshops, Literaturfeste und Symposien, Vorträge und Podiumsdiskussionen. Regional verankert, aber überregional wirksam, sind sie Orte der Begegnung mit Literatur- und Medienschaffenden sowie des Austausches von und über Literatur zwischen deren verschiedenen Akteuren. All das macht ein Literaturhaus zum prädestinierten außerschulischen Lernort für literarisches Schrei-

2 Zu diesem Begriff vgl. kulturwissenschaftlich Johansen (2013) und fachdidaktisch Kepser & Abraham (2016).

ben, wie Jugendliche, aber auch Lehrkräfte es nicht nur zum Zeitvertreib, sondern zur eigenen Persönlichkeitsbildung und zum Kompetenzerwerb betreiben (vgl. Abraham & Brendel-Perpina 2016).

Akteure des literarischen Marktes

Definiert man mit Christoph Bräuer Literatur als »Sammelbegriff für fiktionale Texte, die ihren Gegenstand selber konstituieren und eine eigene, mögliche Welt gestalten« (Bräuer 2006, 450), so ist der literarische Markt nicht an das Buch als ein bestimmtes Medium gebunden, sondern umfasst weitere »literaturfähige Medien« (vgl. Abraham 2020). Auch auditive, audiovisuelle und digitale Medien können, insofern sie zum Entwickeln oder Speichern von Literatur genutzt werden, Teil des literarischen Marktes sein. Literarische Texte sind etwa auf Papier oder am Bildschirm, im Kino oder im Internet rezipierbar. Schon seit der Erweiterung des Literaturbegriffs im letzten Viertel des vorigen Jahrhunderts gehören auch Biografien, populäre Unterhaltungsliteratur und Comics zur Literatur.

Für den literarischen Markt Tätige gehen vielfältigen Aufgaben nach: Sie schreiben, überarbeiten, adaptieren, illustrieren, publizieren, produzieren, bewerben, übersetzen, inszenieren, vertonen. Bei den Akteuren des literarischen Markts handelt es sich also um Autor*innen, Lektor*innen, Zeichner*innen, Literaturagent*innen, Verleger*innen, Marketingfachleute, Buchhändler*innen, Drehbuchschreiber*innen, Übersetzer*innen, Dramaturg*innen, Filmproduzent*innen und -regisseur*innen, Musiker*innen usw. Sie sind sämtlich Expert*innen einer kulturellen Praxis Literatur im weiteren Sinn. Alle haben sie ästhetische Konzepte, Ausdrucksabsichten und Vorstellungen von Literatur, daneben natürlich meist auch ökonomische Interessen. Sie bedienen sich bestimmter Medien und pflegen in ihnen die Genres, die beim Publikum auf Interesse stoßen. Das Publikum wiederum besteht aus Akteuren, die sich zu den Literaturschaffenden komplementär verhalten – sie lesen Bücher, sehen Filme, spielen Computerspiele, vergleichen die Präsentation literarischer Stoffe in verschiedenen Medien usw.

Diese hier grob umrissenen kulturellen Aktivitäten konstituieren den literarischen Markt als ein Handlungsfeld. Literarisches Schreiben als eine dieses Feld mitbestimmende Aktivität ist mehr als die klassische Schreibtätigkeit, wie sie den Lyriker oder den Romancier auszeichnen mag; es umfasst beispielsweise auch das Schreiben für Bühne und Film sowie die Produktion performativer Texte, die letztlich für die Mündlichkeit bestimmt sind (vgl. Kap. 2).

Nicht unerwähnt bleiben dürfen schließlich solche Akteur*innen, die zwar in der Regel mehr oder weniger professionell arbeiten, aber Zielgruppen unterhalb der Professionalitätsschwelle unterweisen und fördern. Angebote, die sich »Textwerkstatt«, »Online-Kurs literarisches/kreatives Schreiben« o. Ä. nennen, sind Legion und im Internet leicht aufzufinden. Sie sind, obwohl nicht unerheblich kostenpflichtig, offensichtlich nachgefragt – eine Tatsache, die hinsichtlich der unterstellten Bedeutung literarischer Kreativität für die Persönlichkeitsentwicklung eine eigene Untersuchung wert wäre. Oftmals unterliegen diese Angebote des privatwirtschaftlichen Markts jedoch keiner Qualitätssicherung, was sie von universitären Angeboten, die zu einem Hochschulabschluss führen, unterscheidet. Bachelor- und Masterstudiengänge im Literarischen Schreiben bieten derzeit die Universitäten Leipzig (Leitung: Ulrike Draesner) und Hildesheim (Annette Pehnt) sowie die Universität der Künste Berlin (John von Düffel) an. Auch gibt es universitätsnahe Angebote wie das der Bayerischen Akademie des Schreibens (Katrin Lange). Allerdings übertrifft hier die Anzahl der Bewerber*innen die verfügbaren Studienplätze um ein Vielfaches, was wiederum anderen Anbietern den Markt offenhält.

Demgegenüber fokussiert die vorliegende Einführung literarisches Schreiben im Kontext von Schule und Lehrer*innenbildung.

1.2 Literarisches Schreiben im ›Handlungsfeld Literatur‹

Ein Modell des Handlungsfeldes

Die Akteur*innen des literarischen Marktes bringen gemeinsam und in komplementären, aufeinander bezogenen Rollen (Autor – Verleger; Verleger – Buchhändler; Autor – Leser usw.) ein Handlungsfeld hervor. Die kulturelle Praxis Literatur reproduziert und erneuert sich ständig, indem deren Akteur*innen sich gemäß ihrer Ziele und Interessen mehr oder weniger erfolgreich verhalten,[3] sowohl Koope-

3 Zu unterscheiden ist hier zwischen Erfolg beim Leserpublikum (Verkaufserfolg), Erfolg in den Medien (positive Kritiken und Prä-

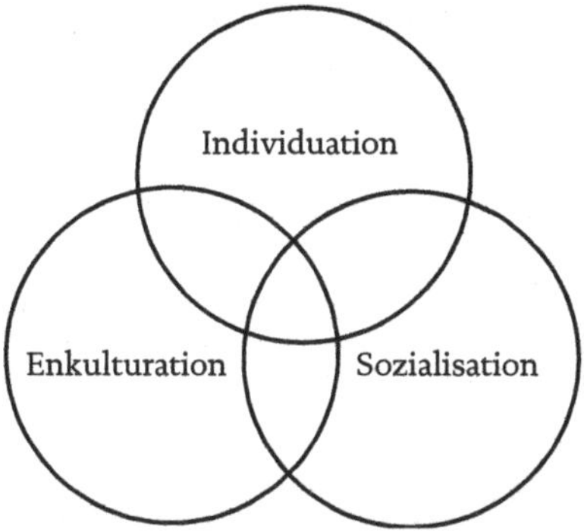

Abb. 1: Die dreifache Bedeutsamkeit der Literatur für Heranwachsende

rations- als auch Konkurrenzverhältnisse ausbilden und dadurch an einem permanenten Aushandlungsprozess teilhaben, in dem es um die Fragen geht, was Literatur ›ist‹ und wie sie als solche angeboten, verkauft, verwertet, prämiert und kulturell wertgeschätzt wird.

Aus didaktischer Sicht ist dieses Handlungsfeld in drei verschiedene, sich aber überschneidende Bereiche einzuteilen. Handlungen richten sich auf die individuelle, soziale und kulturelle Bedeutsamkeit der Literatur.

Bedeutsam ist demnach Literatur für Heranwachsende unter drei miteinander verbundenen, hier überlappend

senz des Autors) und Erfolg in der Literaturwissenschaft (Interpretationen, Einladungen zu Vorträgen, Poetikprofessuren usw.). Unabhängig davon gibt es aber selbstverständlich auch die Zufriedenheit des Autors mit dem eigenen fertigen Text.

dargestellten Perspektiven: für die Ich-Entwicklung, für die Kommunikation mit anderen vor allem in der Peer Group und für die lebenslange Teilhabe am literarischen Leben.

Diese dreifache Bedeutsamkeit der Literatur soll im Folgenden aus der Produktionsperspektive erläutert werden, eine Beschreibung der Rezeptionsperspektive findet sich in Kepser & Abraham (2016, 19–27).

Literarisches Schreiben in seiner individuellen, sozialen und kulturellen Bedeutsamkeit

Individuell bedeutsam ist literarisches Schreiben, insofern es Heranwachsenden neben der schulisch im Vordergrund stehenden pragmatischen Verwendung von Schriftlichkeit (zu Darstellung, Erklärung, Argumentation und Appell) auch die ästhetische nahebringt. Es macht Lernenden Schreiben als ästhetisches Medium verfügbar, mit dessen Hilfe sie eigene Gedanken und Emotionen zur Sprache bringen und selbst erlebte/erdachte Geschichten erzählen können. Insofern dieses Schreiben nie vollständig, aber auch selten gar nicht autobiografisch ist, erlaubt es maskierten Selbstausdruck (vgl. Abraham 2021).

Sozial bedeutsam wird dieses Schreiben, insofern es von Menschen aus dem Umfeld der Autor*innen mit Interesse und Ratschlägen begleitet werden kann. Werden außerdem die entstehenden/entstandenen Texte rezipiert, so ermöglicht dies eine Anschlusskommunikation, die den Austausch über den Nahbereich der sozialen Welt erleichtert und es erlaubt, emotionale Bindungen, aber auch Abgrenzungsbedürfnisse zu artikulieren, ja ganze Lebensentwürfe zu diskutieren. Dies alles muss aber nicht bekenntnishaft, sondern kann in einem Modus der durch literarische Verfahren geschaffenen Distanz geschehen. Und da Lernende zwar im Deutschunterricht »mit dem literarischen Gespräch vertraut« (Spinner 2006, 12) gemacht werden sollen, dieses aber keine auf die Schule begrenzte, sondern eine soziale Kommunikationsform ist, kann der Dialog über eigene und fremde literarische Texte auch soziale Beziehungen erhalten und vertiefen.

Kulturell bedeutsam ist literarisches Schreiben als Einschreibung in ein komplexes Symbolsystem, mit dessen Hilfe große Gemeinschaften Identität herstellen (vgl. Fauser 2011, 27 –31). Musik, Tanz, Sport, bildendende Kunst, Architektur und eben Literatur sind ästhetische Kommunikationsformen, mit deren Hilfe eine Kultur einerseits den Anschluss an die Vergangenheit sucht (Tradition) und andererseits gegenwärtige Bedürfnisse davon abgrenzt (Innovation) sowie Zukunftsperspektiven entwickelt. Diesen Zusammenhang schreibend zu entdecken, vermittelt Lernenden (in der Schule, an der Hochschule und in der Lehrerfortbildung) ein vertieftes Verständnis der Rolle, die Literatur als Symbolsystem für die eigene Kultur spielt. Die Arbeit mit fremden Texten im Rahmen eines Schreibprozesses dient auch der wissens- und produktionsorientierten Annäherung an das Phänomen der Intertextualität.

Insgesamt kann man sagen, dass die im Handlungsfeld Literatur Agierenden darin selbst- und fremdinitiierte Entwicklungsprozesse erleben, die ihr persönliches, soziales und kulturelles Bewusstsein formen (vgl. Kepser & Abraham 2016, 26).

1.3 Literarisches Schreiben als didaktisch angeleitete Praxis im Deutschunterricht

Abgrenzung gegen creative writing

Abzugrenzen ist das literarische Schreiben zunächst von dem, was seit den 1970er Jahren zunächst in den USA und etwas später auch in Europa unter der Bezeichnung *creative writing* Verbreitung gefunden hat. Im deutschen Sprachraum wird der Begriff, wie Katrin Bothe (1998, 1371) zusammenfassend formuliert, zwar vorwiegend »für Prozesse poetischen, literarischen Schreibens verwendet«, aber dennoch ist kreatives nicht identisch mit literarischem Schreiben. Denn Ziel kreativen Schreibens ist (auch in seinem Ursprungsland USA) längst nicht mehr die literarische Nachwuchsförderung, sondern bescheidener »die Animation, Initiation, Begleitung und Förderung [literarischer] Schreibprozesse sowie die Anregung der Imaginationskraft« (Bothe, ebd.). Buchtitel wie *Expressives Schreiben* (Fröchling 1987) oder *Personal-kreatives Schreiben* (Schuster 1995) machen deutlich, dass im Mittelpunkt die bildende Wirkung des Schreibens im Dienst der Kreativitätsförderung steht. Dem literarischen Schreiben dagegen ist es im Kern um die Erkundung von Literatur aus der Perspektive ihrer Produzent*innen zu tun. Dafür war zunächst der seinerzeit etablierte Kreativitätsbegriff – lange ein Hochwertbegriff in sozialen, politischen und pädagogischen Diskursen – zu revidieren. In der praxisorientierten Literatur zum kreativen Schreiben ging ein überzogenes Wirkungsversprechen, so als könne jede(r) *Garantiert schreiben lernen* (Rico 1984), einher mit Unkenntnis oder Vernachlässigung von Befunden aus der Schreibforschung und -didaktik. Diesen zufolge führt nicht in jeder Phase des Schreibprozesses Spontaneität zum Erfolg, und die drei von Spinner (1996, 82 f.) beschriebenen Prinzipien kreativen Schreibens, nämlich *Irritation*, *Expression* und *Imagination*, waren zwar nicht zu verwerfen, aber deutlich stärker als Arbeit an der Sprache auszulegen und damit gleichsam handwerklicher aufzufassen. Es ist ein zentrales Anliegen literarischen Schreibens, Textentwürfe als vorläufig, verbesserbar und damit Gegenstand von Textarbeit zu verstehen, während kreatives Schreiben – mit einem Begriff von Hanspeter Ortner (1998) – zur »halbierten Schriftlichkeit« tendiert, insofern es die Möglichkeiten des Mediums zur Distanznahme (vgl. Kap. 1.4, S. 35) gar nicht unbedingt nutzt. Zwar gibt es Ansätze zu einer Feedback-Kultur auch im kreativen Schreiben (vgl. z. B. Chromik 2012, 85–87), und das »Weiterschreiben an kreativen Texten« ist eine Option (vgl. Böttcher 2013, 27 f.), aber nur eine unter vielen: Die längere Beschäftigung mit Textentwürfen dürfte selten denselben Stellenwert haben, den sie in Konzepten literarischen Schreibens hat (vgl. Kap. 3 und 4).

Kritik an einer Vernachlässigung handwerklicher Aspekte literarischen Gestaltens trifft wohl auch den neueren Ansatz des »Poesiecoachings« (vgl. Jacob 2017, bes. 10 f.), obwohl dessen Aufriss Erkenntnisse der Schreibprozessforschung rezipiert (vgl. ebd., 68–80). Auch dieser Spielart kreativen Schreibens geht es jedenfalls um eine Stärkung der Persönlichkeit des/der Schreibenden (»Beratung und Unterstützung in persönlichen Konflikten mit Hilfe des Schreibens«; ebd., 231) und nicht um Zugänge zur Literatur.

Insgesamt haben Anleitungen zur sprachlichen Kreativität, die auf spontanes Umsetzen origineller Einfälle in einem dann nicht weiter bearbeiteten Text zielten, die Schreibdidaktik nicht nur bereichert, sondern auch belastet (vgl. Abraham 2014, 364).

Kreatives Schreiben, das auf den Deutschunterricht sowie auch die Erwachsenenbildung zeitweise nicht unerheblichen Einfluss hatte und dem man eine gewisse emanzipatorische Kraft nicht absprechen kann, steht in der Tradition des ›Freien Schreibens‹ der Reformpädagogik. Von diesem unterscheidet es sich gleichwohl durch eine stärkere Reflexion der Motivationsproblematik und die entsprechend bessere methodische Durcharbeitung der Schreibimpulse (vgl. Abraham 2014, 368). Auf motivierende Aufgabenstellungen wird zwar auch in Werkstätten zum literarischen Schreiben geachtet, aber dort werden die Lernenden – gleich ob Heranwachsende oder Erwachsene – bewusster in der längerfristigen Ausarbeitung eigener Schreibpläne unterstützt und systematischer mit literarischen Verfahren bekannt gemacht, die sie einsetzen können, um ihre Schreibziele zu erreichen (vgl. Kap. 1.4, S. 35). Auch werden Fragen der Beurteilung und Bewertung von Textentwürfen nicht ausgeblendet.

Studierende und Teilnehmer*innen von Lehrerfortbildung, die verstehen möchten, worin der Unterschied zwischen kreativem und literarischem Schreiben ›jetzt eigentlich‹ bestehe, sollten deshalb nicht versuchen die Differenz an einer einzelnen Schreibaufgabe festzumachen: Betrachtet man nur deren Wortlaut, so ist nicht selten eine Zuordnung hier oder da möglich. Unterschiede zwischen den beiden Konzepten zeigen sich aber schnell, wenn man auf den

Umgang mit den Aufgabenlösungen im Unterricht achtet: Ist textbezogenes Feedback überwiegend positiv und pauschal wertschätzend oder lobt es eher die Schreibmotivation (erkennbar z. B. an Ausdauer) als den Text selbst, und bleiben die Textentwürfe der Lernenden für den weiteren Unterricht ohne sichtbare Konsequenzen, so liegt kein literarisches Schreiben vor. Dieses ließe nämlich ein Curriculum der Aneignung literarischer Verfahren, Gattungen und Genres erkennen, und es würde auf die kompetenzorientiert unterstützte Weiterarbeit an begonnenen Entwürfen setzen: Es ist nicht die einzelne Aufgabe, sondern die langfristige Unterrichtsorganisation und eine Produktperspektive, die den Unterschied macht.

Literarisches Schreiben als Verbindung von Sprach- und Literaturunterricht

Schulischer Schreibunterricht ist in der Tradition der ›Aufsatzlehre‹ des 19. und auch noch 20. Jahrhunderts neben der Sprachreflexion und dem mündlichen Sprachgebrauch Teil von Sprach-, nicht von Literaturunterricht. Die oben erwähnte Verbreitung kreativer Verfahren in diesem Unterricht führte zu einer Reihe innovativer Bezeichnungen (freies, personales, assoziatives, situatives, heuristisches Schreiben; vgl. im Überblick Abraham 2014, 367–370), sparte aber das eigentlich literarische Schreiben weitgehend aus. Dieses gab es im Ansatz tatsächlich schon gegen Ende des vorigen Jahrhunderts, allerdings ohne dass der Begriff programmatisch gefüllt gewesen wäre, und zwar als Teil von Literaturunterricht: Hier wurde in den 1980er Jahren die »Produktionsorientierung« und damit auch das »Schreiben nach literarischen Vorlagen« (Berger 1995) üblich. Viel zur Verbreitung dieses produktiven literaturdidaktischen Konzepts hat Günter Waldmann beigetragen, der wiederholt von einer *produktiven Hermeneutik* sprach (z. B. Waldmann 1999, Untertitel). Literarisches Schreiben, so kontextualisiert, dient der Erarbeitung von Kennzeichen einer Gattung, von Merkmalen einer Epoche oder von stilistischen Eigenheiten eines Autors – sowie zur Annäherung an Literatur überhaupt. Das Verfassen literarischer Texte ist allerdings in diesem Konzept angebunden an eine Strukturanalyse der jeweiligen Textsorte oder Form, beispielsweise zu Gedichten (vgl. Wicke 1981), Märchen (vgl. Fingerhut 1982; Jahn & Kirn 1983, 31 ff.; Grau & Seidler 2004), Science-Fiction-Geschichten (vgl. Berger 1995, 94–97), Erzähltexte (vgl. Waldmann/Bothe 1992), Lyrik und Hörspiel (vgl. Birner 1978), Kurzgeschichte (vgl. Üttinger 2005) und Minidrama (vgl. Poier 2005). Intendiert sind jeweils literaturbezogenes Wissen und literarische Kompetenz, aber nicht nur als Ergebnis von Rezeption und Interpretation, sondern als einhergehend mit ästhetischer Tätigkeit: Auch ›poetisches Schreiben‹ genannt, steht das Produzieren im Literaturunterricht im Dienst einer ästhetischen Bildung, die den spontanen Ausdruck von Gefühlen und Gedanken ebenso wie das einfache autobiografische Erzählen zu übersteigen versucht durch eine Konzentration auf Formen, Genres, sprachliche Mittel und literarische Techniken (vgl. z. B. Uhle 1996). Dabei bleibt es aber gleichzeitig Schreib- und damit Sprachunterricht.

1.4 Verfahren literarischen Schreibens

Deklaratives und prozedurales Wissen über Literatur

Das sprachliche Kunstwerk unterscheidet sich von Werken der bildenden Kunst oder Musik dadurch, »dass es als Basis, als Ausgangsmaterial, mit der Alltagssprache arbeitet« (Wintersteiner 2010, 24), dennoch sei die Sprache der Literatur nicht die Sprache des Alltags. So bestimmt Werner Wintersteiner in einem Aufsatz über »Poetisches Verstehen als fachdidaktische Herausforderung« das Verhältnis des poetischen Textes zu der Sprache, aus der er besteht. Diese haben Schriftsteller- oder (wenn es sich um Lyrik handelt) Dichter*innen *stofflich* benutzt, um einen eigenen Wirklichkeitsentwurf zu schaffen, und *sprachlich* benutzt, um eine innere Form zu erreichen, die wir *Gestalt* nennen (vgl. Abraham & Brendel-Perpina 2015, 45 f.). Was Autor*innen dabei in gelingende oder scheiternde Texte investiert haben, ist – wie Holger Rudloff in seiner *Produktionsästhetik und Produktionsdidaktik* (1991) herausgearbeitet hat – als *verdeckte Arbeit* in ihnen aufgehoben: Seit der Wende zur Genieästhetik tritt in der Geschichte der Literaturproduktion das Handwerkliche daran nicht mehr offen zutage (vgl. ebd., 80–88). Dass literarisches Schreiben ein Verfügen über »Kunstmittel« ist (vgl. ebd., 154–163) und der »Techniken« bedarf (ebd., 163–174), ist eine seit dem ausgehenden 20. Jahrhundert wiederzugewinnende Einsicht (vgl. Kap. 4.1, S. 96). Erst auf deren Grundlage wird es möglich, die Frage nach literarischem Können als Kompetenzfrage zu formulieren: Was ist und worin zeigt sich die Kompetenz, die professionelle Autor*innen beim literarischen Schreiben entwickeln?

Die Literaturwissenschaften beschreiben die Literaturproduktion und -rezeption verschiedener Epochen, Gattungen und Medien einschließlich ihrer eigenen Gegenwart zwar auf der Basis unterschiedlicher Theorien, aber immer ausgehend von der Annahme, dass ihr Wissen ein Beschreibungs- und Deutungswissen sein soll, also weitgehend deklaratives Wissen. In prozedurales Wissen, das Herstellungsprozesse nachvollziehbar macht, ist dieses Wissen nur mit einem gewissen Aufwand und keineswegs vollständig umwandelbar: Auf Vertreter deklarativen literaturbezogenen Wissens wirkt das Ergebnis einer Offenlegung prozeduralen Verfahrenswissens über literarisches Schreiben (vgl. Kap. 1.4, S. 35) notwendigerweise unsystematisch, gehorcht es doch keiner Systematik der Analyse literarischer Werke. Es strukturiert ja nicht hermeneutische Schritte (Beschreibung, Einordnung, Kommentierung und Kontextualisierung, Deutung), sondern Arbeitsprozesse. Dennoch können auch literatur-/kulturwissenschaftliche Arbeiten dazu beitragen, Verfahrenswissen verfügbar zu machen. So versammelt der bereits erwähnte, von Zemanek & Krones (2008) herausgegebene Band Versuche, auffallende Schreibverfahren der Jahrtausendwende zu beschreiben.

- Als »phantomisches Erzählen« bezeichnet Katrin Schumacher (2008) ein Phänomen, das sich in der Literatur um 2000 auffallend häufig manifestiert: Die Erzähler*innen sind tot. Das Verfahren, wie es etwa in Cees Nootebooms Roman *Allerzielen* (1998, dt. *Allerseelen*)

Verwendung findet, stehe in der Tradition der »unsouveränen Rede« eines wahnsinnigen, unzuverlässigen Erzählers sowie »des Erzählens aus dem Traum, der Hypnose, dem Koma und Schlaf, dem Tod« (ebd., 228).

- Ein anderes für die Jahrtausendwende charakteristisches Schreibverfahren liegt im »Sammelsurium« vor, angesiedelt im Grenzbereich zwischen Literatur und Sachbuch. Musterbildend hierfür war *Schott's Original Miscellany* (2002, dt. *Schotts Sammelsurium*). Anhand dieses Beispiels beschreibt Mark Ludwig (2008) das Sammelsurium als Verfahren der ›geordneten Unordnung‹. Anders als etwa dem enzyklopädischen Schreiben fehle ihm ein Prinzip der einheitlichen Ordnung (vgl. ebd., 259). »›Literatur‹ ist hier als ein Archiv des Randständigen bestimmt, in dem die Selektionsverfahren eine entscheidende Bedeutung gewinnen.« (Ebd., 261)
- Ein weiteres Verfahren, das Zemanek und Krones (2008, 19) als »literarisches Sampling« oder »Remix« bezeichnen, schafft »eine hochreflektierte Literatur der Jahrtausendwende, die musikalische Produktionsmethoden auf Texte überträgt« (ebd.). Ein Beispiel ist Thomas Meinekes Roman *Musik* (2007)[4], der mit einem Remix aus unterschiedlichsten Fremdquellen (meist ohne sie nachzuweisen) arbeitet; der Erzähler ist wie ein DJ nur für das Sampling zuständig.
- Bei den »so genannten ›Fußnotenromanen‹, die um 2000 einen Boom erleben« (Zemanek & Krones 2008, 20), handelt es sich um Geschichten, die strukturell auf (mindestens) zwei Textebenen erzählt werden. Ein Bei-

4 Zur Analyse vgl. Feiereisen (2008).

spiel aus der (fantastischen) Jugendliteratur ist die *Bartimäus*-Reihe von Jonathan Stroud (deutsche Ausgaben ab 2005).

Ist literatur- und kulturwissenschaftlich die literaturtheoretische Beschreibung oder die Einordnung solcher Beobachtungen in die Epoche, den ›Zeitgeist‹ und/oder das Werk eines Autors wichtig, so geht es im Kontext literarischen Schreibens um diese Verfahren selbst: Zu fragen, ob das Sammelsurium »zugleich Abbild und Gegenbild der modernen Gesellschaft« (vgl. Ludwig 2008, 266) sein könne, ist für den produktionsästhetischen Blick auf ein Verfahren wenig ergiebig; interessanter ist beispielsweise, dass Monolog und Chor »zwei prominente Weisen phantomischen Erzählens« sind (vgl. Schumacher 2008, 235): Prozedural geht es nicht um Einordnung oder Deutung eines literarischen Verfahrens, sondern um Möglichkeiten seiner praktische Umsetzung.

Im Übrigen bleiben solche Beobachtungen verstreute Funde; eine von ganz wenigen Studien, die die Kluft zwischen deklarativem Beschreibungs- und prozeduralem Verfahrenswissen systematischer schließen wollen, ist die *Epistemologie der künstlerischen Praxis* von Tasos Zembylas und Claudia Dürr (2009). Hier geht es um Wissen und Können beim literarischen Schreiben. Schriftsteller*innen »bilden ein gemeinsames Wissensreservoir, bestehend aus Erfahrungen, Theorien, Denkstilen sowie Werkzeugen, und formen sich durch kommunikative Interaktionen, Lernprozesse, Aushandlungsprozesse und Wechselbeziehungen zu anderen Praxisgemeinschaften« (ebd., 2). An Fallbeispielen ermitteln Zembylas und Dürr

Arbeitshaltungen und Vorgehensweisen beim Schreiben und unterscheiden »literarische Konventionen« (vgl. ebd., 2009, 67)

- »syntaktischer« Art (Stil, Rhythmus, Komposition, Dramaturgie),
- »semantischer« Art (Polyvalenz, Symbole, Metaphern, Anspielungen),
- »ästhetisch-normativer« Art (z. B. »Originalität«).

Bis zur Isolierung einzelner eventuell musterbildender Verfahren dringt die Untersuchung von dieser Abstraktionsebene aus allerdings nicht vor. Dabei wird es vielleicht auch bleiben müssen: Das Wissen, das in der Produktion von Literatur zur Anwendung kommt, ist nicht von einer Wissenschaft erzeugt, sondern »es ist in der kulturellen Praxis des Lesens und Schreibens entstanden und lebt in dieser Praxis als prozedurales Wissen literarischen Gestaltens und literarischen Verstehens« (Zabka 2019, 11). Für die Zwecke der vorliegenden Darstellung unterscheide ich Makroverfahren (wie die oben erwähnten), die die Organisation eines literarischen Textes insgesamt betreffen und diesem eine gewisse Struktur geben (also z. B. ein Toter als Erzähler), von Verfahren, die Einzelprobleme der literarischen Gestaltung eines Stoffes lösen. Diese können einerseits sehr verschiedene Gestaltungsentscheidungen betreffen und andererseits zu unterschiedlichen Zeitpunkten im Rahmen des Schreibprozesses zum Einsatz kommen.

Dokumentiert sind solche Verfahren im Rahmen eines von der Robert-Bosch-Stiftung geförderten Fort- bzw. Weiterbildungsangebots mit dem Titel »Literarisches

Schreiben im Deutschunterricht« (künftig abgekürzt als LSiD). Dieses wurde zunächst in Zusammenarbeit des Literaturhauses Stuttgart mit dem Lehrstuhl für Didaktik der deutschen Sprache und Literatur an der Universität Bamberg entwickelt und dann (seit 2018) von anderen Standorten adaptiert (Literarisches Zentrum & Universität Göttingen; Literaturhaus & Universität Rostock). Prozedurales Wissen über Formen und Gestaltungsentscheidungen literarischen Schreibens wird im Rahmen dieses Programms handlungs- und projektorientiert an Deutschlehrer*innen vermittelt und von diesen wiederum, in einer zweiten Phase, an die Lernenden einer ausgewählten Projektklasse. Wir verstehen dabei das Schreiben literarischer Texte »als ein lehrbares Handwerk« (Abraham & Brendel-Perpina 2015, 59) und erkunden im Rahmen von Seminarwochenenden mit Werkstattdozent*innen und Fortbildungsteilnehmer*innen Art und Ausmaß des für seine Beherrschung praktisch vermittelbaren Wissens. Zudem haben seit Beginn des Stuttgarter Entwicklungsprojekts im Jahr 2011 alle Werkstattleiter*innen ihre Schreib- und Vermittlungskonzepte in Monografien und teilweise auch in ergänzenden Materialienbänden dargestellt.[5]

Die gattungsspezifischen literarischen Werkstätten (in Stuttgart fünf, in Göttingen und Rostock derzeit je zwei) und die Seminarwochenenden des über eineinhalb bis zwei Jahre laufenden Programms sind beschreibbar als permanenter Dialog zwischen Expert*innen der kulturellen Praxis Literatur, Lehrkräften und Didaktiker*innen über

5 Vgl. Richhardt 2011, Wörner, Rau & Noir 2012, Oliver 2013, Rau 2014, Brunke 2015.

die Produktion und Verbesserbarkeit literarischer Entwürfe einerseits und die Lehrbarkeit des dazu erforderlichen prozeduralen Wissens andererseits. Einem Konzept des impliziten Wissens folgend (vgl. Neuweg 2001), lässt sich der Aneignungsprozess als ein »Lernen am Modell« beschreiben (Abraham & Brendel-Perpina 2015, 212), das den Lehrkräften schließlich die eigenständige Umsetzung eines Werkstattkonzepts ins Klassenzimmer erlaubt. Obwohl eine wissenschaftliche Lehrerbildung keine Meisterlehre ist und sein kann, scheint uns die von Michael Polanyi in seinem Buch *Personal Knowledge* (1958, 206) skizzierte Vorstellung einer Meister-Lehrling-Beziehung als Lernsituation diese Erfahrung teilweise abzubilden. »Implizites Regelwissen« (*tacit knowledge*) liegt vor, wenn Expert*innen einer bestimmten Praxis nicht sagen können, wie und warum sie ein Problem gut gelöst haben. Implizites Wissen im Sinn Polanyis (1985) ist erfahrungsgebunden und schwer formalisierbar (vgl. Neuweg 2001, 17–19). Zum Reden gebracht wird dieses stumme Wissen oft erst, wenn es demonstriert oder erklärt werden soll, etwa in Ratgebern für Novizen. Stellvertretend für viele sei der Klassiker von Lajos Egri genannt: *Literarisches Schreiben* (2002; engl. 1965).

Georg Hans Neuweg, der die deutschsprachige Rezeption der Arbeiten des ungarischen Soziologen und Philosophen Polanyi wesentlich vorangebracht hat, erläutert *tacit knowledge* so: »Man kann dem intuitiven Könner nicht nur implizites Wissen um vergangene Lernepisoden zuschreiben, sondern auch implizites Wissen um die Regeln, denen sein Können folgt« (Neuweg 2001, 15). In den an LSiD beteiligten Literaturhäusern können »Regeln und Techniken, die im Handeln selbst verkörpert sind«, zunächst »nur in der Lehre weitergegeben werden, weil gar keine Beschreibung für sie existiert«, und auch sie gehen vielleicht verloren, wenn »die Tradition abreißt« (ebd., 247). Damit zusammen hängt eine Betonung der Bedeutung »persönlicher Kontakte beim Wissenstransfer« (ebd., 248) und die »Anerkenntnis der Autorität des Lehrenden« (ebd., 249): Wie die LSiD-Begleitforschung gezeigt hat, ist die Wertschätzung der Teilnehmer*innen für die Werkstattleiter*innen, die Experten der literarisch-medialen Praxis sind, gleichbleibend hoch. Deren Autorität wird akzeptiert, ihre Expertise angenommen. Die Teilnehmer*innen bilden dabei erkennbar eine »Praxisgemeinschaft« im Sinn von Zembylas & Dürr (2009, 2) und damit »ein gemeinsames Wissensreservoir, bestehend aus Erfahrungen, Theorien, Denkstilen sowie Werkzeugen, und formen sich durch kommunikative Interaktionen, Lernprozesse, Aushandlungsprozesse und Wechselbeziehungen zu anderen Praxisgemeinschaften« (ebd.).

Allerdings bleibt jeder Versuch einer Darstellung prozeduralen Wissens – und das gilt auch für die Synopse in Kap. 1.4, S. 35 – unabschließbar in dem Sinn, dass weder Vollständigkeit noch Allgemeingültigkeit erreichbar sind. Weder sind alle Verfahren schon beschrieben, die Autor*innen kennen, noch wird jede*r jedes Verfahren verwenden wollen. Wie im Unterricht auch, muss die Methode sowohl zum Ziel passen als auch zur Persönlichkeit. Aber selbst Verfahren, die an älteren Texten beobachtet werden können, sind für Novizen hilfreich, insofern sie Kompetenz aufbauen.

Tabellarische Übersicht: Verfahren literarischen Schreibens

Die Tabelle auf S. 36–39 ist die Weiterentwicklung einer Übersicht, die für die Grundlegung literarischen Schreibens in Abraham und Brendel-Perpina (2015, 52–54) in Kenntnis der Vorgehensweisen in den Stuttgarter Werkstätten und unter Einbezug didaktischer Konzepte der einschlägigen Literatur erstellt und seither ergänzt wurde. Verfahren literarischen Schreibens sind dabei einerseits (waagrecht) nach »Gattungen/Medien«, andererseits (senkrecht) nach »Phasen des Arbeitsprozesses« geordnet. Die Tabelle bietet einen Überblick über Verfahren, die in verschiedenen Prozessphasen genutzt werden können.

1.5 Didaktische Grundsätze, Möglichkeiten und Grenzen der Anleitung

Implizites Wissen explizit machen

Eine tabellarische Übersicht der Verfahren literarischen Schreibens wie die auf S. 36–39 vorgestellte mag den Eindruck der ›Rezepthaftigkeit‹ erwecken und den Einwand provozieren, dass Schriftsteller*innen so doch nicht arbeiten. Wenn sie ein Gestaltungsproblem haben, sehen sie wohl kaum in einer Liste nach, wie sie es lösen könnten. Dass es Lyriker*innen gibt, die Reimlexika benutzen, und viele Romanciers in der Phase der Textplanung nicht nur Fakten und Zusammenhänge recherchieren, sondern sich vielleicht auch die Bauformen ›fremder‹ Romane ansehen,

Prozessphasen	Erzählendes Schreiben	Lyrisches Schreiben	Szenisches Schreiben	Reportage-schreiben	Filmisches Schreiben
• Sammeln, Planen, Entwerfen	• die Erzählung planen: Ort(e), Zeit(en), (Haupt/-Neben-) Figuren, Tempusgebrauch festlegen • für jede wichtige Figur eine Kurzbiografie in Stichpunkten anlegen • Perspektive(n) festlegen – ein (personaler, allwissender, unzuverlässiger?) oder mehrere Erzähler? • Story und Plot klären: Verhältnis von erzählter Handlung und Erzählgegenwart festlegen	• prägnante Sätze notieren, die man gehört oder gelesen hat, und einen auswählen • ein Wort aussuchen und über dieses schreiben • aus einem vorgegebenen (nicht unbedingt lyrischen) Text Wörter auswählen und zur Grundlage des eigenen Entwurfs machen • zu einem Bild (Foto, Zeichnung, Gemälde) Notizen machen • Listen anlegen	• Rituale des Alltags verändern, durchbrechen oder in einen neuen Kontext stellen • an einem öffentlichen Ort Menschen beim Sprechen zuhören; unvollständige Sätze, Wiederholungen, Phrasen aufschreiben • ein alltägliches Streitgespräch aus der Erinnerung notieren • in einer Grafik die sozialen Beziehungen der Figuren zueinander (Figurenkonstellation) festlegen	• eigene Assoziationen und Fragen zum Thema/Ort der geplanten Reportage notieren • eine Basisrecherche (Vor-Ort-Recherche) durchführen • Interviews mit geeigneten Personen (Betroffenen, Expert*innen) planen, durchführen und (teilweise) verschriftlichen • Quellen aufsuchen und konsultieren (Archive, Lexika, Internet)	• Exposé: Handlung und Konflikt in einfache Sprache fassen, Bilder evozieren, Spannung aufbauen • Treatment: Szenen erzählen, auf Gefühle, Einstellungen, Stimmungen eingehen (auch den Subtext erzählen) • publizierte Drehbücher sichten und besonders auf *plot points* (Wendepunkte) und Nebentexte (Regieanweisungen) achten

Tab 1: Verfahren literarischen Schreibens, geordnet nach »Gattungen/Medien« (waagrecht) und »Phasen des Arbeitsprozesses« (senkrecht)

	zu Inhalt und Form schriftlich fixieren (Vorausschauen, ›Rückblenden‹?) • Traumprotokolle als Rohmaterial erstellen • ›Listen‹ anlegen • Recherchieren, z. B. zu Schauplätzen der Handlung • Fotos möglicher Schauplätze anfertigen oder sammeln • Bauformen des Erzählens (z. B. Kurzgeschichte, Novelle) auf ihre Brauchbarkeit hin sichten • bei größeren Projekten arbeitsteiliges Vorgehen organisieren; Vereinbarungen • zu Inhalt und Form schriftlich fixieren	• traditionelle Bauformen lyrischen Schreibens (z. B. Sonett, Haiku) auf ihre Brauchbarkeit hin sichten	• Status der Figur pro Szene festlegen • zu jeder wichtigen Figur einen Monolog und/oder eine Biografie in Stichpunkten verfassen • bei größeren Projekten arbeitsteiliges Vorgehen organisieren; Vereinbarungen zu Inhalt und Form schriftlich fixieren		• die Dreiaktigkeit des Hollywood-Kinos (zwei *plot points*) als Struktur anlegen oder verwerfen • bei größeren Projekten arbeitsteiliges Vorgehen organisieren; Vereinbarungen zu Inhalt und Form schriftlich fixieren

Prozessphasen	Erzählendes Schreiben	Lyrisches Schreiben	Szenisches Schreiben	Reportage-schreiben	Filmisches Schreiben
• Formulieren	• einen Texteinstieg finden: Dialog, szenische Schilderung, Leseransprache? • zwischen szenischem (Dialog) und darstellendem Erzählen (Erzählbericht) abwechseln • gestaltrelevante Strukturen bewusst einsetzen: Erzählrahmen, Perspektivenwechsel, Beschreibung von Handlungsräumen, Formen der Redewiedergabe	• von der Notiz zum Notat zur Verdichtung kommen • Details fokussieren (*close-ups*) • ggf. Reimlexika verwenden • sprachliche Verfremdungsmöglichkeiten prüfen (z. B. Orthografie, Interpunktion) • gestaltrelevante Strukturen bewusst einsetzen: Rhythmus, Umbrüche, ggf. Gliederung in Strophen • Formulierungen, Motive, Metaphern usw. wiederholen und variieren	• Szenen schreiben: Dialoge und kurze, funktionale Nebentexte (Regieanweisungen)	• situativ einsteigen (z. B. Ort des Geschehens oder Beteiligte vorstellen) • zwischen Berichten/Beschreiben und Redewiedergabe abwechseln • eigene Eindrücke wiedergeben • einen Gegenstand oder Schauplatz wie mit dem Kameraauge ›abtasten‹ (Zoom und Kamerafahrt verbal nachahmen)	• Drehbuch: Handlung in Dialoge übersetzen, Information zur visuellen Umsetzung (Licht, Architektur/Szene), Ton (Atmo, handlungsrelevante Geräusche, Musik) hinzufügen

• Weiterentwickeln/ Überarbeiten	• Erzählung vortragen, Wirkung auf Hörer erproben • Einmontieren von Fremdtexten (z. B. Pressetexten, Liedtexten, Fahrplänen, Verlautbarungen usw.)		• einen Szenenentwurf durch Lese- und Spielproben (auch szenische Improvisation) weiterentwickeln • Leerlauf in den Dialogen beseitigen • Wendepunkt(e) der Szene(n) herausarbeiten	• auf Spannungen und Widersprüche achten • Eindrücke und Urteile des Reporters einarbeiten, der sich damit als eigene Figur inszeniert	• Storyboards (grafisch) oder *shooting lists* (verbal) zu ausgewählten Szenen (Sequenzen) entwickeln

ist zwar richtig, aber noch keine angemessene Antwort auf diesen Einwand. Dieser basiert nämlich auf einem Missverständnis. Eine Synopse, die verschiedene Verfahren literarischen Gestaltens nach »Gattungen/Medien« und nach »Phasen des Arbeitsprozesses« ordnet, kann nur aus der Beobachtung realen Tuns entstehen und ist wissenschaftlich gesprochen ein Kontingenzprodukt; sie ist zufällig so und nicht anders geworden. Im besten Fall sind einzelne Angaben darin einer systematischen Selbstbeobachtung zu entnehmen, wie Expert*innen der kulturellen Praxis Literatur sie machen, wenn sie für eine Poetikvorlesung, eine Publikation, ein Forschungsprojekt oder die Vermittlung in einer literarischen Werkstatt ihre eigenen Vorgehensweisen beschreiben. In solchen Fällen wird implizites Wissen explizit gemacht. Das geschieht nicht in einem systematischen Poetikunterricht, sondern anwendungsbezogen. Wohl kaum wird man solche Listen, die sich der Beobachtung und Analyse praktischen Tuns verdanken, zum Gegenstand der Vermittlung machen.

Sich literarische Verfahren durch Schreibprozess und Anschlusskommunikation aneignen

Die Aneignung literarischer Verfahren erfolgt teilweise im Schreibprozess, teilweise aber auch in der Anschlusskommunikation über Textentwürfe. Die nachhaltigste Weise, sich ein Verfahren anzueignen, ist sicherlich der ›Ernstfall‹, in dem es eine Kernidee schon gibt, deren Umsetzung mit Hilfe eines bestimmten Verfahrens angestrebt werden kann. Die Werkstattarbeit zeigt, dass Verfahren, die sich einmal als zielführend erwiesen haben, fortan positiv besetzt sind und gern erneut eingesetzt werden – auch in abgewandelter Form. Im Lauf der Zeit wächst so das Repertoire individuell bereits bewährter Verfahren. So haben beispielsweise Lehramtsstudierende mit Erzählperspektiven experimentiert und neben »Ich-Texten« und »Er/Sie-Texten« auch den »Du-Text« kennengelernt, der ihnen neu war und dessen Wirkung der Distanzierung von einem ›biografischen Ich‹ sie gerade beim autobiografischen Schreiben hilfreich fanden (vgl. Abraham 2021). Auch später im Lauf des Semesters tauchten bei den Arbeiten der Studierenden wieder »Du-Texte« auf. Ein Verfahren wird eingesetzt, wenn und so lange es (zunächst aus der Sicht des/der Schreibenden, später im Prozess der Rückmeldung durch andere) zum Erfolg führt. Die bloße Tatsache, dass ein Verfahren im Rahmen der Anschlusskommunikation thematisiert wird, genügt oft schon, um Verfasser*innen in ihrer Verwendung zu bestärken. Andere betrachten den diskutierten Textentwurf dann möglicherweise als Modell, auf das sie später in einem eigenen Text zurückgreifen können. Auch am Einsatz eines Verfahrens (z. B. des Präsens als Erzähltempus) geäußerte Kritik muss diesen Aneignungsprozess nicht unbedingt behindern. Vielmehr macht die Auseinandersetzung über die Angemessenheit einer solchen Gestaltungsentscheidung bei allen, die am Werkstattgespräch teilnehmen, implizites Verfahrenswissen explizit, das so für bewusste Entscheidungen im Schreibprozess sowie für die Kommunikation darüber verfügbar wird.

Während in den Fächern Kunst und Musik seit jeher neben der Rezeption auch das eigene Hervorbringen, also das eigene ästhetische Tun, geradezu selbstverständlich einen festen Platz einnimmt, hat sich das Fach Deutsch lange schwer damit getan, literarischen Dilettantismus zuzulassen oder gar positiv zu würdigen (vgl. aber die frühen Hinweise bei Mattenklott 1979, 23–32). Was literarische Begabung ist und wie man sie fördern kann, blieb in der Deutschdidaktik lange eine Außenseiterfrage (vgl. Fritzsche 1988).

Einen Widerspruch zwischen kompetenzorientiertem und kreativem Arbeiten, wie er in polarisierten Diskussionen um schulischen Kompetenzerwerb gelegentlich konstruiert wird, gibt es so nicht. Schule und Hochschule sind keine Agenturen beruflichen Qualifikationstrainings, sondern Instanzen der Allgemeinbildung. Diese schließt das Recht auf Bildung der Persönlichkeit sowie Entdeckung und Entwicklung eigener gestalterischer Fähigkeiten ein, und zwar nicht nur in den Fächern Kunst und Musik, sondern auch in Deutsch.

Eine Schriftsteller-›Lehre‹ kann zwar in der Schule ebenso wenig eine Zielperspektive sein wie eine Ausbildung zum Musiker oder bildenden Künstler. Dafür gibt es die sogenannten ›musischen Schulfächer‹ auch nicht, vielmehr gibt es sie, weil ästhetisches Tun zur Persönlichkeitsbildung beiträgt. Eben deshalb wird man beispielsweise keinesfalls weniger begabte Lernende vom Darstellenden Spiel ausschließen, wenn sie spielen wollen, denn gerade ihnen kommen Körperbewusstsein und Aufmerksamkeit für Gestik und Haltung ja vielleicht besonders zugute. Ähnlich ist es beim literarischen Schreiben: Die Erfahrung, eigene Gedanken und Gefühle wenigstens im Ansatz in einem Text zum Ausdruck bringen und eine Kernidee formulieren zu können, aus der eine Erzählung oder ein Gedicht werden kann, können alle Lernenden machen. Nicht erspart bleibt ihnen dabei freilich die ganz andere Erfahrung, dass es wie fast überall – also genauso wie auch bei jedem anderen Schulfach – Menschen gibt, die in kürzerer Zeit bessere Ergebnisse erzielen. Wollte man aber ›Begabung‹ zu einer unabänderlich vorhandenen oder fehlenden Voraussetzung machen, so würde man damit die meisten Schulfächer und daneben auch entsprechende Betätigungen in der Erwachsenenbildung für sinnlos erklären: Entwickeln lässt sich alles, was im Ansatz erkennbar da ist – Interesse an Sprache, Neugier auf Geschichten, Freude am Erzählen und Zuhören, Ehrgeiz bei der performativen Gestaltung rhythmischer Texte usw. Die Beschäftigung mit Literatur nicht als Gegenstand der Analyse und Interpretation, sondern als kulturelle Praxis in all ihren sozialen und medialen Formen kann Neigungen sichtbar machen, die bei Lernenden andernfalls unbemerkt blieben. Nur, wer es nicht für eine Aufgabe der Schule hält, diesen Prozess zu fördern, wird literarisches Schreiben für eine nette, aber weglassbare Zutat zum Schreib- und Literaturunterricht halten.

Textentwürfe nicht für fertig halten

Einen weiteren didaktischen Grundsatz literarischer Schreibarbeit sehe ich darin, deren Produkte nicht für erbrachte und dann beiseitegelegte Leistungen zu halten, in denen sich eine gestellte Aufgabe erledigt hat. Lehrende und Lernende, die das so sehen und sich dann womöglich auch noch einig sind in dem Glauben, ›Originalität‹ könne man nicht bewerten und benoten (vgl. Kap. 5.4), betreiben kein literarisches Schreiben. Sie stellen bzw. lösen tatsächlich nur sogenannte kreative Aufgaben. Obwohl nicht jeder Textentwurf weiterentwickelt werden muss (oder kann), ist insgesamt die Möglichkeit zu längerfristiger Textarbeit, beruhend auf Anschlusskommunikation und *Peer Feedback* (vgl. Kap. 5.2 und 5.3), eine wesentliche Gelingensbedingung literarischen Schreibens. Auch in dieser Hinsicht orientieren sich Lehrende und Lernende sinnvollerweise an der kulturellen Praxis selbst. Dass ein literarischer Text in einem Zug geschrieben und dann – genau so, unverändert – gedruckt wird, ist hier die große Ausnahme von der Regel. Fast immer bedarf es mehrerer Fassungen, bevor ein Text ›fertig‹ ist.

Nun ist das Überarbeiten für Lernende keine besonders geliebte Tätigkeit, aber es gehört nun einmal dazu. Erfahrungsberichte aus den literarischen Werkstätten am Literaturhaus Stuttgart (vgl. Krottenthaler Hrsg. 2013, 2020) lassen erkennen, dass viele Schüler*innen der beteiligten Projektklassen mehr Motivation zur Textrevision aufbringen, wenn es um literarische Entwürfe geht, als sonst im Umgang mit schriftlichen Arbeiten (auch in anderen Schulfächern) zu beobachten ist. Es wäre deshalb mit Blick auf den fachlichen und überfachlichen Erziehungsauftrag insgesamt unverantwortbar, nicht bei mindestens einem der im Rahmen einer Unterrichtseinheit zum literarischen Schreiben verfassten Texte auf mindestens einer zweiten Fassung zu bestehen. Die Lernenden, die mehrheitlich durchaus bereit sind, etwas, das ihnen persönlich wichtig ist, noch nach der ersten Niederschrift zu bearbeiten, würden um eine Erfahrung gebracht, die ihnen später auch in anderen Bereichen nützt: Gute Arbeit ist nicht eine Frage des zündenden Augenblickseinfalls, sondern der Geduld, Beharrlichkeit und nicht zuletzt der Kooperation mit anderen, die Rückmeldung geben (vgl. Kap. 5.2).

2 Gattungen, Genres, Medien

2.1 Überblick über Gattungen, Formen, Genres und Medien literarischen Schreibens

Gattungen, Formen, Genres und Medien

Kategorien, die Großgattungen der Literatur bezeichnen – seit der Goethezeit handelt es sich dabei um Epik, Drama und Lyrik –, sind immer wieder angegriffen, aber bis heute nicht aufgegeben worden. Der Diskurs hierüber läuft eher auf eine Erweiterung dieses Kategorienspektrums hinaus. So ist etwa die Essayistik kategorial darin nicht repräsentiert. Auch der Spielfilm wäre, insofern er epische, dramatische und lyrische Anteile aufweist (vgl. Koch 2009, 74 f.), in dieser Gattungstrias nicht unterzubringen und erhebt schon längst Anspruch darauf, als vierte Gattung betrachtet zu werden (vgl. Kepser & Abraham 2016, 51 f.). Für die vorliegende Darstellung, die ja nicht das Medium an sich, sondern das Schreiben für dieses (Exposé, Treatment, Script) fokussiert, wird der Film dem szenischen Schreiben zugeschlagen.

Doch auch dieses Vorgehen löst das Problem der Transmedialität von Literatur noch nicht ganz, denn es gibt weitere bilddominierte Medien, die ohne Zweifel literaturfähig sind (z. B. den Comic): Neben den traditionellen Gattungen der Printliteratur sind andere Medien, in denen Literatur auftritt, stets mitzubedenken. Die Werkstätten des erwähnten LSiD-Programms thematisieren solche Medien an unterschiedlichen Stellen, etwa in der Rolle der Fotografie beim erzählenden (vgl. Wörner/Noir/Rau 2016,

139–168), als Möglichkeit der Hörspielproduktion beim szenischen oder als Radioreportage beim journalistischen Schreiben (vgl. Rau 2014, 173 f.). Und bewegt man sich von der Stufe der Gattungen auf diejenige einzelner Genres hinunter, so bestätigt sich auch aus produktionsästhetischer Sicht, was rezeptionsästhetisch schon lange Konsens ist: Genres müssen in unserer Gegenwart medienübergreifend aufgefasst werden, denn sehr verschiedene Medien tragen zu ihrem Erfolg und ihrer Weiterentwicklung bei. So gibt es die Biografie als Genre zwar nach wie vor in Buchform, aber gegenwärtig erfolgreicher ist sie als Spielfilm (*Biopic*) und Comic (*Graphic Memoir*).

In Bezug auf die am literarischen Schreiben beteiligten Medien sind zwei Ebenen zu unterscheiden: Auf der Prozessebene dient ein Medium zunächst dem Festhalten von Arbeitsergebnissen. Trivialerweise gilt das natürlich für Papier und elektronische Datenverarbeitung, aber es gilt auch für Tonträger, die Rechercheergebnisse (z. B. Interviews) in Vorbereitung besonders des erzählenden oder journalistischen Schreibens speichern, sowie natürlich für Fotos und audiovisuelle Mitschnitte, besonders bei der Arbeit an szenischen (Drama, Script) und performativen Texten (*spoken word art*). Diese Art des Medieneinsatzes hat prozeduralen Charakter: Das auditiv, visuell oder audiovisuell Aufgezeichnete ist noch nicht das anvisierte Ergebnis der literarischen Arbeit, aber für dieses wesentlich, weil es die spätere Analyse und Verwendung erlaubt. (Erfahrene Theatergruppenleiter*innen wissen allerdings, dass die spätere Betrachtung eines Videomitschnitts die sofortige Anschlusskommunikation an eine Szenenprobe nicht vollständig ersetzt.)

Die zweite Ebene, auf der u. a. die eben genannten Medien, und zwar nun sowohl technisch als auch ästhetisch, zu bedenken sind, ist die Produktebene: Trotz der Verwendung von Nichtprintmedien auf der Prozessebene kann die mediale ›Endform‹ die Papierform sein. Daneben gibt es aber auch genuines literarisches Schreiben für andere Medien; so können etwa für die Mündlichkeit bestimmte Slam- oder Raptexte ihre Produktform auch im Poetry Clip finden. Szenisches Schreiben gilt entweder der Vorbereitung unmittelbarer Mündlichkeit und Körperlichkeit einer Bühnenaufführung, oder es erzeugt ein Script, d. h., es hat die Produktion eines Hörspiels oder eines Films zum Ziel. Auch wenn eine solche Produktion nicht tatsächlich stattfindet, sind in ästhetischer Hinsicht bereits beim Schreiben die betreffenden Medien immer mitzudenken. Die Reportage ist ohnehin eine Form, die sich grundsätzlich aller Medien bedienen kann; und überall außer im Hörfunk hat sie Bildanteile.

Viele Genres sind also transmedial und nicht auf literarische Gattungen beschränkt. Trotzdem fasse ich im vorliegenden Kapitel die Vielfalt der Verfahren nach Gattungen geordnet zusammen, und zwar im Interesse eines kompetenz- und wissensorientierten Literaturunterrichts. Für alle literarischen Verfahren ist vorauszuschicken, dass Texte der intendierten Gattung bzw. des Genres als *Muster* dienen können: Aus ihnen können Verfahren übernommen werden, beispielsweise das Listenverfahren im Gedicht, das Verfahren der Vorausdeutung auf noch unbekanntes Geschehen in erzählenden oder das der zweideutigen Rede im szenischen Schreiben: Obwohl eine produktionsästhetische Genretheorie leider nicht vorliegt (zur rezeptionsästhetischen Sicht vgl. Kuhn, Scheidgen & Weber 2013), kann man davon ausgehen, dass es genreaffine literarische Verfahren gibt.

Relativ unabhängig von der Gattung werden *Weltwissen* und/oder *historisches Wissen* benötigt, um eine intendierte Textwelt überzeugend und anschaulich darstellen zu können. Dies legt – keineswegs nur beim journalistischen Schreiben – prozedural die Recherche und gegebenenfalls das Interview nahe. Mehrere der im Rahmen des Projekts »Die Ruhr fließt anders als der Bosporus« (vgl. Baurmann & Schulz Hrsg. 2010) in Schulen des Ruhrgebiets mit Lernenden zusammen schreibenden Autor*innen berichten, wie sie diesen die Bedeutung der Recherche gerade für literarische Texte nahegebracht haben. Alles, was man nicht aus der eigenen Lebenswelt genau kenne, notiert etwa die Autorin Liane Dirks aus einem Gespräch mit ›ihrer‹ 8. Klasse (Gymnasium), müsse recherchiert werden. Der Anlass dieser Notiz – die Beobachtung, dass manche Schüler*innen nicht wussten, warum die hochgeschätzte Dönerbude in der Nähe der Schule »Bosporus« hieß (vgl. ebd., 117) – zeigt übrigens, dass man sich schon in diesem Nahbereich gelegentlich darüber täuscht, wie wenig man eigentlich weiß. Eine Dönerbude dieses Namens spielte dann in der Erzählung, die die von der Autorin betreuten Klasse vorlegte (ebd., 85–115), eine wesentliche Rolle.

Tabellarische Übersicht

In der tabellarischen Übersicht auf der gegenüberliegenden Seite (teilweise nach Abraham 2019, 110) seien nun die wichtigsten Gattungen literarischen Schreibens, ihre verschiedenen Genres, Formen und Medien aufgelistet und durch Beschreibungskategorien voneinander unterschieden. In den nachfolgenden Unterkapiteln 2.2–2.6 werden die Gattungen literarischen Schreibens in der Reihenfolge dieser Übersicht detaillierter eingeführt.

2.2 Erzählendes Schreiben – Formen, Genres und Medien narrativer Literatur

Gattungsspezifik literarischer Verfahren beim erzählenden Schreiben

Trotz der festen Verankerung narrativer Formen und Genres im Deutschunterricht fristet das *erzählende Schreiben*, zieht man Bildungspläne und -standards zu Rate, ein Schattendasein. Es ist nämlich in der Regel auf die Primar- und frühe Sekundastufe I beschränkt. Die fachdidaktische Literatur kritisiert das zwar seit Längerem, trägt aber ihrerseits auch dazu bei, dass der Vorrang des Lesens vor dem Schreiben von Erzählungen erhalten bleibt. Ein aktueller Buchtitel wie *Erzählen in Wort und Bild* (von Glasenapp, Pecher, Giese & Anker 2019) ist in dieser Hinsicht geradezu irreführend: Es geht dort gar nicht um erzählendes Schreiben (wie etwa bei Wörner, Noir & Rau 2012), sondern um *Erzähltes in Wort und Bild*. So dominant ist im Denken

Gattung	Genre/Form/ Medium	Beschreibungs-kategorien
Erzählendes Schreiben (vgl. Wörner, Noir & Rau 2012)	• Fabel, Kurzgeschichte, Roman, realistische und fantastische Erzählung • Comic/Graphic Novel • Fotografie	• Sprachliche und formale Ökonomie (Sparsamkeit der Mittel); • Abwechseln von szenischen und schildernden Partien (Dialog und Erzählerrede); • Direkte und/oder indirekte Figurencharakterisierung; • Text-Bild-Bezüge; • Illustrative und narrative Funktion des Bildes
Lyrisches Schreiben (vgl. Oliver 2013)	• Gedicht • Slam-Poetry-Text • Poetry Clip	• Sprachliche und formale Ökonomie (Sparsamkeit der Mittel); • Einsatz von Metapher und Symbol; • Ggf. Formtreue • Sprachspielerische Qualität (Reim, Lautmalerei, Neologismen usw.); • Ungewöhnlichkeit der Bilder, Witz;

Gattung	Genre/Form/ Medium	Beschreibungs- kategorien
		Alltagsbezug; • Inszenierung (Kostüm, Requisiten, Kulisse/*location*); • Kamera und Schnitt
Szenisches Schreiben (Drama, Hörspiel, Film) (vgl. Richhardt 2011; Abraham 2018)	• Drama (Dialog und Nebentext) • Filmexposé, Treatment • Film- oder Hörspielscript	• Glaubhaftigkeit der Dialoge; Konflikthaltigkeit; • Funktionaler Einsatz von Nebentexten; • Mehr oder weniger breite Entfaltung einer Kernidee (*story*); • Profilschärfe und Originalität der Figuren; Angaben zum *setting* und zu wichtigen *locations*; • Glaubhaftigkeit der Dialoge; • funktionale Angaben zu *mise-en-scène*, Einstellungsgrößen und Kameraperspektiven (Film) • Geräusche, Musik, ›Atmo‹ (Film und Hörspiel)

Gattung	Genre/Form/ Medium	Beschreibungs-kategorien
Schreiben für die mündliche Performance (vgl. Brunke 2015)	• Rap • Poetry Slam, Poetry Clip • Rhapsodie	• Je nach Spielart Rhythmus, Reim, Tempo, Pointen, Chor …
Journalistisches Schreiben (vgl. Rau 2014)	• v. a. Reportage • Fotografie • Film • Hörtext	• Konkretion durch Schilderung, Dialog/ Zitat, Umsetzung von Sinneseindrücken/ Atmosphäre, subjektive Eindrücke von Personen, Situationen, Ereignissen; je nach Medium Bild- und/oder Tonanteile

Tab. 2: Gattungen, Formen, Genres und Medien literarischen Schreibens

auch didaktisch interessierter Kinderliteraturexpert*innen die Rezeptionsästhetik, dass das Fehlen einer Produktionsästhetik nicht einmal dort aufzufallen scheint, wo mit kurzen Geschichten, Erzählungen und Romanen für Kinder geeignete Schreibmuster in der Schule vorhanden wären.

Wie die Sichtung aktueller literarischer Verfahren in Kap. 1.3, S. 22 gezeigt hat, ist die Bandbreite literarischen Erzählens im 21. Jahrhundert groß und das ›lineare‹ Erzählen einer Geschichte mit durchlaufender Handlung keineswegs das einzige Muster. Im Rahmen der LSiD-Werkstätten werden seit 2011 beispielsweise auch Varianten der »Enzyklopädie« und des »Sammelsuriums« in Projektklassen umgesetzt. Eine Enzyklopädie ließ beispielsweise Petra Schappert, Fachleiterin einer Berufsschule in Esslingen, erarbeiten: »Das Ziel des Projektes war eigentlich parallel zur Lektüre von Janne Tellers *Nichts (was im Leben wichtig ist)* eine Enzyklopädie zum Thema ›Alles, was wichtig ist‹ zu erstellen.« (Krottenthaler Hrsg. 2013, 49). Von einem Sammelsurium berichtet u. a. Sarah Ergin, Lehrerin an einem Gymnasium in Mühlacker:

> »Von Anfang an liebäugelte ich mit einer ›Erinnerungsbox‹, in der selbstverfasste Texte, aber auch Zugfahrkarten, Postkarten, Soundträger, herausgerissene Zeitungsartikel, Kronkorken, Konzertkarten usw., also all jene Dinge, die einer Person etwas bedeutet haben, für sie eine Geschichte erzählen, wenn nicht sogar einen Teil ihrer selbst ausmachen, gesammelt werden sollten. Ähnlich einer Schachtel, die so manch einer von verflossenen Lieben unter dem Bett stehen hat(te).« (Krottenthaler Hrsg. 2020, 10)

Die Lehrerin ließ ihre Abiturklasse schließlich Erinnerungsboxen mit dem thematischen Doppelschwerpunkt »Reisen und Identität« gestalten:

> »Die Box, die entstehen soll, ist von Euch frei gestaltbar. Ihr könnt sie weiß lassen oder auch von außen bekleben. Sie ist nicht besonders hoch, Ihr müsst Euch also überle-

gen, welches Format Eure Texte und der weitere Inhalt der Box erhalten sollen. Drei Texte sind das Minimum, die jeder abgeben muss.« (Ebd., 11)

Die dazu mitgeteilten Erfahrungen sind recht positiv: »Natürlich waren nicht alle Boxen herausragend, manche hatten selbst die Vorgabe von mindestens drei Texten auf ein absolutes Minimum reduziert und so wenig als nur irgend möglich geschrieben. Aber bis auf eine Ausnahme hatten alle Schüler aus dem Kurs etwas abgegeben und auch die etwas ›dürftig bestückten‹ Schachteln wurden gelungen präsentiert und zumindest gut in das Thema Reisen oder Identität eingebettet.« (Ebd., 45)

Prozedurales Basiswissen

Nimmt man eine produktionsästhetische Perspektive auf narrative Texte ein, so ist die zu entwerfende Textwelt (diegetische Welt) nicht – wie in der klassischen Narratologie – Gegenstand der Analyse, sondern Planungsziel: Wer soll in einer Textwelt in welcher Umgebung innerhalb welcher Zeit welche Konflikte austragen? Als prozedurales Basiswissen über erzählendes Schreiben gelten in diesem Sinn folgende Aspekte:

- Basiskategorie *Zeit*: Festlegen von Jahres- und gegebenenfalls Tageszeiten sowie Zeiträumen, die während der zu erzählenden Handlung vergehen; gegebenenfalls Formulierung einer Figurenbiografie, soweit ihr aktuelles Handeln nur aus ihrer Vergangenheit heraus zu verstehen ist; Entscheidung, in welcher grammatischen Zeit (Tempus) erzählt wird (das Präteritum, Präsens und unter bestimmten Bedingungen sogar Futur haben ihren je eigenen Reiz);

- Basiskategorie *Raum*: Einbau von Vorstellungshilfen in Bezug auf die Handlungsräume (eine Erzählung, die dem Leser nicht hilft, Wohn-, Lebens-, Natur-, Kulturräume, Innen/Außen, Stadt/Land usw. zu imaginieren, wird buchstäblich nicht weit kommen); exakte Beschreibung oder Schilderung erwähnter Räume oder Orte, soweit es sich um zentrale, symbolisch aufladbare Räume handelt, beispielsweise Klassenzimmer und Schulhof in einem Klassenroman;
- *Perspektivenwahl*: Festlegen der Erzählperspektive(n) (es kann mehr als eine sein, aber nicht keine); soll die Perspektive innerhalb des Texts wechseln, so sind die Wechsel in irgendeiner Form zu markieren, etwa durch Kapitelgrenzen, die anzeigen, dass die 1. Person Singular nun auf eine andere Figur übergeht;
- *Klärung und Formulierung des Wissens über Figuren*: Leser*innen das nötige Wissen über Figuren zu vermitteln, ist Sache der Erzählinstanz, die ihrerseits eine Figur sein kann – oft ist hierfür die Wahl einer Nebenfigur günstig; geeignete Verfahren sind beispielsweise die explizite Charakterisierung der betreffenden Figur durch die narrative Instanz, eine implizite Charakterisierung durch einen Dialog, in den die betreffende Figur verstrickt ist oder die Rede anderer Figuren über sie. Vermittelt werden kann Wissen über Figuren im Text *beschreibend, schildernd oder szenisch*. Hinzu kommt – soll der Text illustriert oder von vornherein als Text-

Bild-Symbiose angelegt werden (als Comic oder Fotoroman) – die Möglichkeit der *visuellen Charakterisierung*. In jedem Fall müssen Figuren längerer Texte *entwickelt* werden (vgl. Wörner/Rau/Noir 2016, 18–20), also charakterisiert werden über das hinaus, was später im fertigen Text über sie steht, unter Berücksichtigung der Veränderung, die sie im Lauf der Erzählung eventuell durchmachen;

- *Festlegung des Figurenwissens* als des Wissens, über das eine Figur verfügt; um dieses ›dosiert‹ in den Text einzubringen, eignen sich die erlebte Rede, der innere Monolog oder der Bewusstseinsstrom; ist die betreffende Figur mit dem Erzähler identisch, gibt es darüber hinaus auch die Möglichkeit der direkten Informationsvergabe (die Figur kann aussprechen oder andeuten, was sie über die Vergangenheit, die Gegenwart oder sogar die Zukunft der Handlung weiß);
- *Informationsvergabe*, auch über Figurenwissen hinaus, etwa durch Aussparen von Handlungsschritten, graduell variierende Konkretion in der Beschreibung von Schauplätzen oder Andeuten noch nicht preiszugebenden Erzählerwissens;
- *Klären und Herstellen von Genrebezügen:* Vielleicht sind diese Bezüge schon zu Beginn des Entstehens klar – ein Krimi, eine SciFi-Geschichte usw. soll geschrieben werden –, vielleicht sind sie aber auch erst während des Schreibprozesses zu klären. Während Teile des literarischen Marktes (vgl. Kap. 1.1) bzw. die dort tätigen professionellen Schreiber*innen klare Genrezuordnungen bevorzugen (man schreibt z. B. einen dystopischen Jugendroman), können Noviz*innen mit Genrebezügen

experimentieren und einen Genremix auch bewusst anstreben; dieser sollte allerdings nicht versehentlich ›passieren‹.

2.3 Szenisches Schreiben – Formen, Genres und Medien dramatischer Literatur

Gattungsspezifik literarischer Verfahren beim szenischen Schreiben

›Szenisch‹ ist zunächst das Theater in all seinen praktizierten Formen. Stücke für die Bühne sind heute nicht mehr unbedingt in Akte, wohl aber in Szenen eingeteilt. Das Kerngeschäft szenischen Schreibens ist damit der Dialog, dessen Haupttext einerseits einen Nebentext hat (Anweisungen für Schauspieler, Bühnenbauer, Beleuchter usw.), andererseits einen Subtext – das Ungesagte, das bei der Umsetzung in die Spielhandlung durch Sprechpausen, Körpersprache, Gestik, Mimik, Nutzung des Raums usw. ausgedrückt werden muss. Ein Beispiel aus der Werkstatt *Szenisches Schreiben* im Stuttgarter LSiD-Programm:

Auf gepackten Koffern

Ein Minidrama von Bettina Sieber

THEO. Schatz, ich kann nicht mit dir in Urlaub fahren …!
LEA. Das ist nicht dein Ernst!
THEO. Wir haben eine Leiche.
LEA. Ich hasse Deinen Beruf.
THEO. Ungeklärte Umstände …

LEA. Dann fahre ich eben wieder mit meiner Mutter.
THEO. Schatz – das wird nicht gehen …

(Krottenthaler Hrsg. 2013, 114)

Anleitungen zum Dialogschreiben fokussieren aber öfter als das Theater den Film. Auch ein Drehbuch ist in Szenen eingeteilt. Zu entscheiden, wie die im *Treatment* (ein erweitertes Exposé von mindestens zehn Seiten, vgl. Kepser 2010, 191 f.) nur angedeuteten Szenen im Rahmen der Filmhandlung ausgeführt werden sollen, ist der wesentliche Schritt zum Script (vgl. Schütte 2010, 55). Wie im Theaterstück gibt es auch hier Anweisungen für die Umsetzung (z. B. »Nacht. Vor dem Haus. Straßenlaternen werfen lange Schatten« usw.), die den Spiel-Raum für den folgenden Dialog herstellen. Nach dem Script folgt als nächster Bearbeitungsschritt auf dem Weg in die Produktion gewöhnlich das Storyboard, in dem wichtige Handlungsmomente als comicartige Einzelbilder fixiert werden. Aus Anleitungen hierzu (z. B. Begleiter 2001) wird deutlich, dass es hier v. a. um die räumliche Vorstellung einer Szene geht. Aber auch das, was Figuren nonverbal ausdrücken sollen (Körperhaltung, Gestik, Mimik), ist im Storyboardformat gut zu entwickeln.

Sind also Dialog, Körpersprache und Raum auch zentrale Elemente des szenischen Schreibens für das Medium Film, so ist in diesem Zusammenhang noch ein weiteres, bereits erwähntes Medium zu berücksichtigen: das Hörspiel. Hier muss der Spiel-Raum ausschließlich akustisch definiert werden, etwa durch Atmo-Geräusche, die im Film nur unterstützend wirken. Außerdem müssen die

Stimmen der Figuren möglichst gut voneinander unterscheidbar sein.

Gleichsam die Keimzelle alles Szenischen ist das Minidrama (vgl. die genreprägende Anthologie von Karlheinz Braun 1987). Es kann entwickelt werden über den *Konflikt*, über die *Pointe* oder über die *außergewöhnliche Perspektive* (vgl. Abraham 2016, 6).

Wie genormte Script-Formate besonders für den Film evident machen, setzt szenisches noch mehr als erzählendes Schreiben handwerkliches Können im Sinn der Beherrschung literarischer Schreibprozeduren voraus. Regeln wie diejenige, Haupt- und Nebentext optisch zu trennen, begünstigen dabei aber wiederum auch den Erwerb prozeduralen Wissens. Darüber hinaus fördert die Notwendigkeit, Mündlichkeit im Schrifttext zu simulieren, im Spiel umzusetzen und literarisch zu formen, Sprachbewusstheit durch einen gut überlegten Umgang mit innerer Mehrsprachigkeit (vgl. ebd., 7).

Prozedurales Basiswissen

In Bezug auf szenische Texte, die für die Bühne, das Hörspiel oder den Film geschrieben werden, dürfen in diesem Sinn folgende Aspekte als prozedurales Basiswissen gelten (vgl. dazu auch Richhardt 2011, 23–76):

- *Figurenentwicklung* im Rahmen einer Theaterstück-/Hörspiel- oder Filmentwicklung durch biografische Skizzen und/oder szenische Improvisation;
- Finden eines figurentypischen *Habitus*, ausgeschärft in

szenischer Improvisation (im Hörspiel entspricht dem Habitus eine charakteristische Sprechweise, für die u. a. Tempo, Lautstärke und Sozio-/Dialekt wichtig sein können);

- Klärung des *Status* der Figuren für jede einzelne Szene, wozu auch das Finden geeigneter, für das jeweilige Medium spezifischer Mittel (z. B. Gestik, Mimik, Körpersprache, Raumverhalten) gehört;
- für jede Szene Festlegen eines *Wendepunktes*, der sich u. a. aus Statusveränderungen ergibt.

2.4 Lyrisches Schreiben – poetische Formen und Verfahren

Gattungsspezifik literarischer Verfahren beim lyrischen Schreiben

Von allen Gattungen scheint die Lyrik am wenigsten konventionell zu sein. Während es für erzählendes Schreiben Konventionen gibt (es werden Figuren eingeführt, die im Rahmen einer Handlung Konflikte austragen, dafür werden Orte und Zeiten mehr oder weniger genau benannt usw.) und für szenisches Schreiben darüber hinaus sogar Normen gelten, die ein theatral, auditiv, audiovisuell oder filmisch inszenierbarer Text befolgen sollte, wirkt die auf dem literarischen Markt heute angebotene Lyrik auf den ersten Blick oft, als kenne sie nichts dergleichen.

Nach der Überwindung des ›Reimzwangs‹ durch die Generation des jungen Goethe im späten 18. und dem vom Dadaismus geführten Krieg gegen die ›Bedeutungsschwere‹ traditioneller Lyrik im frühen 20. Jahrhundert ›darf‹ Lyrik heute alles, ›muss‹ indessen aber nichts. Weder formal noch inhaltlich sind Grenzen erkennbar, die nicht schon überschritten worden wären. Nicht nur ist die Regelhaftigkeit der Barockpoetik Geschichte, sondern auch die noch im 19. Jahrhundert allgemeine Erwartung, ein Gedicht habe Subjektivität auszudrücken und den Gefühlen oder Gedanken eines ›lyrischen Ichs‹ eine gültige Gestalt zu geben.

Eine Poetik der zeitgenössischen Lyrik kann hier nicht einmal skizziert werden;[6] für die Zwecke dieser Darstellung genügt die Feststellung, dass literarische Werke häufig auf die Befolgung oder Umgehung gattungstypischer literarischer Konventionen abzielen. Der Wendepunkt in der dramatischen Szene, der *plot point* im Spielfilm, der Erzähler in der narrativen Literatur, solche Erwartungen fordern Verfahren geradezu heraus. Man kann zwar den Wendepunkt verzögern, den *plot point* überraschend gestalten, den Erzähler unzuverlässig oder verstorben sein lassen, aber all das setzt die Konvention, die unterlaufen oder umspielt werden soll, immer schon voraus. Was dabei eben noch originell war, wird alsbald zu einer Verfahrensroutine, die dann ihrerseits durch innovative Verfahren gestört werden muss. In Abwesenheit literarischer Konventionen, wie also im Fall der Lyrik, ist verfahrensgeleitetes Schreiben schwerer zu entwickeln und erscheint vielleicht auch weniger sinnvoll.

So klar liegt der Fall indessen nur auf den ersten Blick.

6 Zur Lyrik des 20. Jahrhunderts vgl. Schuhmann (1995), zur Lyrik der Gegenwart Metz (2018).

»Jedes literarische Werk ist konventionell«, versichert der Romanist Tzvetan Todorov (1975, 13). Und er hat recht: Auch von einem Gedicht erwarten wir etwas – nicht, dass es eine bestimmte Struktur haben müsse (etwa Verse und Reime), wohl aber, dass es *strukturiert* ist; nicht, dass es eine bestimmte ›Aussage‹ haben solle, wohl aber, dass es sich zu der *Möglichkeit*, mit Hilfe von Sprache Aussagen zu treffen, irgendwie verhält; nicht, dass es eine bestimmte, uns schon bekannte Form aufweise, wohl aber, dass es *geformt* ist; nicht, dass es eine bestimmte Länge nicht überschreiten möge, wohl aber, dass es das, was es zu sagen hat, *verdichtet* und ohne unnötigen Zierrat sagt; nicht, dass es eine bestimmte Bedeutung habe, wohl aber, dass es uns als *bedeutungsoffenes* Sprachwerk die Möglichkeit zur Mitarbeit an seinem Sinn gibt (zu Verfahren der Verdichtung vgl. Oliver 2013, 93–125).

Betrachtet man die Suche nach Verfahren poetischen Schreibens aus dieser Perspektive, so ist sie (auch wenn die tabellarische Übersicht in Kap. 1.4 im Vergleich kürzere Einträge enthält) keineswegs aussichtslos.

Prozedurales Basiswissen

Für lyrisches Schreiben haben sich die folgenden Verfahren als produktiv erwiesen:

- existierende *formale Muster* gebundenen poetischen Schreibens (z. B. Haiku, Sonett, Ballade …) nachahmen (und ggf. verwerfen);
- aus bekannten Gedichten *Wörter oder Verse herausneh-*

men und zu Keimzellen eigenen poetischen Schreibens machen;
- erste Entwürfe durch *Aussparungen* verdichten und Bedeutungsoffenheit bzw. Mehrdeutigkeit erzeugen (das kann die Syntax betreffen, die Lexik oder die Semantik);
- eine *Struktur* herausarbeiten – durch eine bekannte Bauform (Strophe, Metrum), durch Wiederholung und Variation vorkommender Elemente (Motive, Metaphern, Symbole) und/oder durch Anordnung des Textes auf dem Papier/Bildschirm.

2.5 Schreiben für die Performanz – Verfahren und Genres der *spoken word art*

Gattungsspezifik literarischer Verfahren beim Schreiben für die Mündlichkeit

Texte, die für den mündlichen Vortrag entworfen und überarbeitet werden, sind – ähnlich wie szenische Texte – erst dann fertig, wenn sie in der Performanz gut funktionieren, d. h. die intendierte Wirkung erzielen und ein Publikum überzeugen. Produktionsästhetische Überlegungen, wie sie hier auch für diesen Bereich angestellt werden, sind deshalb einer Wirkungsästhetik besonders verpflichtet. Das gesprochene Wort muss seine Zuhörer*innen nicht nur kognitiv, sondern auch emotional erreichen. Die Kunst des gesprochenen Wortes (*spoken word art*) ist vielfältig und war dies schon immer. Die Spanne reicht vom literarischen Textvortrag, wie ihn ausgebildete Schauspieler*innen live oder medial zur Vermittlung von Poesie und anderer Literatur einsetzen (darauf spezialisierte Sprecher*innen wie z. B. Lutz Görner können sich durchaus auf dem literarischen Markt behaupten), bis zur Laienkultur des Slammens, die als neue kulturelle Praxis der Mündlichkeit von den USA aus europäische Jugendzentren, Kleinkunstbühnen und schließlich Konzerthallen erobert hat (vgl. Abraham & Anders 2008, 4). Poetry Slam und Poetry Clip als Formen inszenierter Poesie der Gegenwart sind in Europa weniger als in den USA als Stimmen auf einer Plattform für freie Meinungsäußerung verstanden worden, vielmehr gelten sie hier eher als ästhetisches Ereignis. Die bei Poetry Slams präsentierten Texte sind zwar an den zeitlichen Rahmen des Veranstaltungsformats gebunden, thematisch und stilistisch jedoch recht vielfältig: Erzähltexte (*story telling*), lyrische Texte, gesprochene *a-capella*-Rap-Texte, klassische Verse und Klangspiele können einander abwechseln. Da die Gattungs- und Stilvorlieben einzelner Slam-Poeten variieren, kann ein Poet durchaus sowohl lyrische als auch erzählende Texte vortragen und seine Performance hierauf abstimmen. Eher selten sind Freestyle-Texte; die Darbietungen von Slam Poetry beruhen meist auf auswendig gelernten Texten, die für den Vortrag vorbereitet und medial mündlich, jedoch konzeptionell mehr oder weniger schriftlich sind.

Diese neue Form der Darbietung knüpft an eine alte kulturelle Praxis des freien Textvortrags vor Publikum an (im 19. Jahrhundert als »Deklamation« oder »Rezitation« eine Kunstform, vgl. Häntzschel 1997); und sie ist transmedial. Der Poetry Clip als Hybrid-Medium zwischen Live-Performance, Schauspiel, filmischer Adaption und Musikvideo folgt dem Prinzip ›ein Text – ein Autor – ein Ort‹: Der

Slam-Poet spricht seinen Text an einem selbst gewählten Ort direkt in die Kamera. Im Mittelpunkt steht die Performance; der Einsatz filmsprachlicher Mittel bleibt meist minimal, aber die Kamera ist dennoch wichtig: Sie setzt den Performer in Szene. Der Schnitt kann sich prinzipiell aller Montageformen bedienen, die es im Film gibt; dadurch ist ein Spiel mit Nähe-Distanz-Relationen ebenso möglich wie Rhythmisierung oder Einfügen assoziativer Bilder, wie wir es aus dem Musikclip kennen. Durch den Einsatz eines Trägermediums (DVD, USB-Stick) oder Online kann bei der Betrachtung ähnlich wie bei einem Gedichtband von Gedicht zu Gedicht ›geblättert‹ werden, die Textheftedition liefert den schriftlich fixierten Text mit.

Bei aller Dominanz der performativen Mündlichkeit ist das Verfassen von Slam-Texten damit durchaus als literarisches Schreiben zu verstehen. Dasselbe gilt für die von Timo Brunke im Rahmen der Stuttgarter Werkstatt für *Wort & Spiel* gelehrte Rhapsodie (vgl. Brunke 2015, 187–263). Wie der Rhapsode, der in der Antike als Vertreter eines »mündlichen Literaturbetriebes« von Dorf zu Dorf, von Stadt zu Stadt wanderte und »seinem Publikum die allseits bekannten, unentwegt hörenswerten Götter- und Heldengeschichten« erzählte (vgl. ebd., 188), zieht Brunke auch durch die Schulen und in die Klassenzimmer. Durch Verknüpfung dieser uralten Erzähltradition mit der aktuellen jugendkulturellen Praxis des Rap schafft er so eine neue, performative Erzählpraxis, die sowohl den alten Stoffen als auch der postmodernen Rezeptionssituation angemessen ist, in der sie auf die Jugendlichen treffen, wodurch die Zuhörer*innen gut erreicht werden können. Teilnehmer*innen seiner Werkstatt (LSiD, Stuttgart) zeigen in eigenen Unterrichtsprojekten, wie attraktiv dieses Genre für Jugendliche ist. So hat Thomas Epting, Gymnasiallehrer in Bad Wurzach, mit einer 7. Klasse eine Ödipus-Rhapsodie erarbeitet, die den Stoff auch sprachlich in die Gegenwart hereinholt:

> »Um den antiken Mythos zu durchdringen, sollte die Lebenswelt der Schüler in den Texten und Szenen ausdrücklich vorkommen. Auch planten wir fest ein, verschiedene sprachliche Register – von Bildungsdeutsch über krasse Jugendsprache bis zu ›broidem Schwäbisch‹ – zu ziehen und so die Sprache unserer Aufführung farbig werden zu lassen.« (Krottenthaler Hrsg. 2020, 138)

So entstand eine Reihe von Szenen, die gleichsam Schlaglichter auf Situationen und Figuren werfen (das Sphinxbaby »Schmausi« ist eine Erfindung der Rhapsod*innen):

> »Wir sind hier live auf Regio-TV! – Heute sehen wir zu, wie die Sphinx von dem Felsen springt!
> *Reporterin:* Frau Sphinx, haben Sie keine Angst davor, vom Felsen zu springen?
> *Sphinx:* Nein, wirklich nicht, es ist ja mein Schicksal.
> Reporterin: Was wird aus Schmausi werden?
> *Sphinx:* Ödipus wird sich um sie kümmern und sie in den Palast nehmen.
> *Reporterin:* Interessant, interessant, danke für das Gespräch und schönen Fall!
> Die Sphinx nimmt Anlauf und springt elegant und entspannt vom Felsen. Ödipus hebt Schmausi hoch und läuft zum Palast. Im Palast lebt Schmausi nun ein wun-

> dervolles Leben, auch wenn sie ihre Mutter, die Sphinx, vermisst. Das war's für jetzt mit Regio-TV – Danke fürs Zuschauen und schalten Sie das nächste Mal wieder ein!« (Krottenthaler Hrsg. 2020, 143)

Performativ zu schreiben, ist grundsätzlich aber auch in anderen Werkstätten möglich, etwa im *Szenischen Schreiben*. So berichtet Stefan Scheiper, Lehrer an einem Technischen Gymnasium, über sein Projekt zum autobiografischen Schreiben in einer Eingangsklasse:

> »Im Anschluss an die Rollenbiografie ging es dann für die Schüler an die eigene Biografie. Sie sollten einen Lebenssoundtrack zusammenstellen, der ihr bisheriges Leben in Phasen aufteilte, so dass dieses jeweils durch fünf bis sieben Lieder beschrieben werden konnte.« (Krottenthaler Hrsg. 2013, 120)

Prozedurales Basiswissen

Es liegt in der Natur der Sache, dass sich das prozedurale Wissen, das es in diesem Bereich zu erwerben und zu nutzen gilt, einerseits auf die Textproduktion, andererseits auf die Kunst der Performance bezieht (für beides vgl. Brunke 2015):

- Rhythmisierung und Reim in der *Slam-Text-Komposition*;
- Sprechgesang beim *Rap*;
- Erarbeiten einer mündlichen Nacherzählung beim *rhap-*

sodischen Erzählen: dabei Versetzen der Handlung in die Gegenwart, Erfinden von Erzählerfiguren und Besetzen dieser Rollen, Auswählen von Passagen für chorisches Sprechen;
- für alle Texttypen: Erprobung und Vergleich von *Ich-, Du-, Er/Sie-Perspektive*, *klangliche Variation* von Wörtern, Sätzen, Texten (auf Vokalwiederholung und Alliterationen, Tempo und Lautstärke besonders achten);
- Inszenierung eines Poetry Slam mit *Wettbewerbscharakter* (Festlegung maximaler Performancedauer, Regeln für Publikumswertung durch Applauslautstärke oder andere vereinbarte Signale).

2.6 Journalistisches Schreiben – Formen, Genres und Medien im Übergang vom literarischen Text zum ›Gebrauchstext‹

Gattungsspezifik literarischer Verfahren beim journalistischen Schreiben

Man mag sich fragen, was literarische Verfahren mit dem journalistischen Schreiben zu tun haben sollten – kurz gesagt: eine Menge. Eine entsprechende Werkstatt erwies sich im Rahmen von LSiD als ein äußerst sinnvolles Angebot. Unter den dort erprobten und diskutierten Textformen, die Journalist*innen beherrschen, sind sehr wohl solche mit einem literarischen Anspruch. Nach Rau (2014) sind das der Essay, die Glosse und vor allem die Reportage. Essays verlangen »sprachliche Kunstfertigkeit«

(ebd., 106) und basieren dabei »auf einer persönlichen und perspektivischen Herangehensweise« (ebd.) an ihr Thema, was sie vom erörternden Schreiben in der Schule unterscheidet.

Obwohl sich journalistische Essays in der Regel nicht nach dem Vorbild essayistischer Klassiker richten (von Michel de Montaigne bis zu Walter Benjamin), leben doch auch sie von der zugespitzten Formulierung allgemein-menschlicher Erfahrung und der Reflexion moralischer Grundsätze vor dem Hintergrund der zuweilen schwierigen Umsetzung im Alltag. Obwohl der Essay Argumente kennt, fehlt ihm der Objektivitätsanspruch, den man mit der Erörterung verbindet. Das heißt allerdings nicht, dass er für Novizen leichter zu schreiben ist als diese, denn anders als die Erörterung weckt der Essay die Erwartung unterhaltsamer Lektüre. Das verbindet ihn mit der Glosse, die als journalistische Textsorte die wohl größte literarische Gestaltungsfreiheit mit der höchsten Unterhaltungserwartung verbindet und deshalb im Deutschunterricht allenfalls in höheren Klassen erprobt werden kann.

Die für den Unterricht lohnendste Textsorte, die literarische Verfahren kennt, ist aber sicherlich die Reportage (vgl. ebd., 35–104) in den Spielarten *Themenreportage*, *Porträt* und *Selbstversuch* (vgl. ebd., 128). Kriterien, nach denen Lernende das Thema, die Person oder die Situation für eine eigene Reportage finden oder auswählen sollten, sind Aktualität, Lokalität (als Nähe zum Lebensraum der Schreiber*innen), Relevanz für ein Publikum und daher erwartetes Interesse sowie der anzunehmende Einfluss der publizierten Reportage auf Lebenswirklichkeiten (vgl. ebd., 38–41).

Der semiliterarische Charakter der Reportage ergibt sich vor allem aus ihrer Intention, »möglichst große Unmittelbarkeit« (ebd., 129) herzustellen und die aktive Vorstellungsbildung eines Leser-, Hörer- oder Zuschauerkreises entsprechend zu unterstützen. Ähnlich wie beim erzählenden Schreiben wird dafür eine Perspektive etabliert (anders als im Bericht gibt es ein ›Ich‹) und schildernd eine Atmosphäre eingefangen. Ähnlich wie im szenischen Schreiben gibt es wörtlich wiedergegebene Aussagen, vielleicht sogar dialogische Passagen (denn die authentische Rede ist wichtig – nicht zuletzt, weil sie potenzielle Konflikte und Interessengegensätze hervortreten lässt). Und ähnlich wie im Spielfilm werden unterschiedliche Situationen, auch wechselnde *locations*, aneinander ›geschnitten‹.

Gilt dies alles bereits in Bezug auf die schriftliterarische Reportage, so sind daneben auch die medial anders gelagerten Formen der Rundfunk- und Fernsehreportage zu bedenken, die zu schreiben einen bewussten Umgang mit den ästhetischen Möglichkeiten und Grenzen des betreffenden Mediums voraussetzt (zu Medien der Reportage vgl. ebd., 159–172). Erfahrungen aus der LSiD-Werkstatt *Journalistisches Schreiben* zeigen, dass die mediale Vielfalt der Reportage in Unterrichtsprojekten tatsächlich ausgeschöpft wird; neben der printmedialen Form wird u. a. auch die Radioreportage gewählt, die sich für jugendspezifische Themen gut eignet. So berichtet Kirsten Boysen, Gymnasiallehrerin in Stuttgart, von einer AG in der 8. Jahrgangsstufe, in der Themen wie das Computerspiel *Fortnite*, der Feminismus in der Gegenwart oder Hiphop bearbeitet wurden (vgl. Krottenthaler Hrsg. 2020, 88). Die Lehrerin führt zur Wahl der Reportage aus: »Diese Form erschien mir besonders geeignet, da sie einerseits das Handwerkszeug des Journalismus beinhaltet – Themensuche, Recherche, Herausarbeiten einer Geschichte, sprachliche Umsetzung, etc. –, andererseits aber auch eine technische Herausforderung bedeutet, die Schüler anspricht.« (Ebd., 86)

Prozedurales Basiswissen

Das für Schreiben und Überarbeiten einer guten Reportage notwendige prozedurale Basiswissen umfasst mindestens:

- das Finden und die sprachliche Umsetzung situativer Einstiege (einen Ort des Geschehens, eine Person oder Situation schildern, z. B. im Stil filmischen Schreibens durch vorgestellte Kamerafahrten oder Zooms);
- das Abwechseln zwischen berichtend-beschreibenden und szenischen Passagen;
- das Einmontieren durch Interviews oder anderweitige Recherche gewonnener Aussagen Betroffener/Beteiligter, wörtlich oder durch Redewiedergabe;
- die Aufnahme von Fotos, Geräuschen oder Clips und deren Einbindung in den gedruckten oder gesprochenen Text, um die jeweiligen medialen Möglichkeiten auszuschöpfen;
- das Finden guter, auf den Fließtext verweisender Bildunterschriften, die dem Foto eine mehr als illustrative Funktion zuweisen (zur Mikrotextsorte ›Bildunterschrift‹ in einer solchen ›handwerklichen‹ Sicht vgl. Abraham 2015).

3 Kompetenzorientierung: Literarische Gestaltungs-, Urteils- und Kommunikationsfähigkeit

3.1 Teilkompetenzen literarischen Schreibens

Kompetenzorientierung beim literarischen Schreiben

Der Begriff ›Kompetenzorientierung‹ ist in den vergangenen zwanzig Jahren nicht nur in der Schreib-, sondern auch in der Literaturdidaktik üblich geworden. Allerdings wird *literarische Kompetenz* in der Regel als eine reine Rezeptions- und Interpretationskompetenz verstanden und im Übrigen auch kritisch diskutiert (vgl. Kepser 2012). Im Unterschied zur Lesekompetenz, die auf das Konservieren, Schaffen, Weitergeben und Adressieren von Wissen in und aus Texten zielt, beschreibt *literarische Rezeptionskompetenz* »gegenstandsspezifische Fähigkeiten [...], die zur Teilhabe an der literarischen Kultur befähigen« (Eggert & Garbe 2003, 9 f.).

Dagegen hat der Begriff der *poetischen Kompetenz* neben einer rezeptiven auch eine produktive Seite. Die Fähigkeit, die Machart und Funktionsweise literarischer Texte zu verstehen und zu durchschauen, ist hier ergänzt um die Fähigkeit, entsprechende poetische Verfahren selbst auszuführen und literarische Bauformen zu realisieren (vgl. Abraham & Brendel-Perpina 2015, 43–45). Die Beschreibung einer solchen Fähigkeit ist nicht unvereinbar mit der geläufigen Kompetenzdefinition nach Franz E. Weinert (2001, 27 f.): Kompetenz als Disposition, Anforderungssituationen zu meistern, hat neben kognitiven Anteilen motivationale und volitionale Anteile. Wer in diesem Sinn kompetent handeln können will, muss

- erstens in einer bestimmten Domäne etwas wissen (z. B. über die sprachlichen Mittel, Verfahren, Bauformen literarischen Schreibens in verschiedenen Gattungen und Genres – vgl. die tabellarische Übersicht zu Kap. 2.1, S. 51);
- zweitens bereits erfahren haben und immer wieder neu erfahren können, dass eigenes Handeln Erfolg haben und gesetzte Ziele erreichen kann (vgl. die Ausführungen zu Feedback und Überarbeitung in Kap. 4.2, S. 112);
- drittens die Anstrengungsbereitschaft mitbringen oder entwickeln, jeweils neue Herausforderungen in der Domäne durch Lernen am Modell und eigenes Ausprobieren zu meistern.

Das alles setzt offensichtlich Wissenserwerb ebenso voraus wie das Stecken von Zielen, und zwar auch über längere Zeiträume bzw. Arbeitsphasen hinweg. Während im Rahmen »kreativen Schreibens« im Deutschunterricht wohl oft Aufgaben, die in recht kurzer Zeit zu erledigen sind, unbesehen eine kreativitätsfördernde Wirkung zugetraut wurde, berücksichtigt das Konzept literarischen Schreibens auch das Erfordernis eines längerfristigen Kompetenzaufbaus.

Drei produktionsästhetische Teilkompetenzen

Der erwähnte Kompetenzaufbau wird im Rahmen der LSiD-Programme zum Gegenstand von Begleitforschung. Drei Teilkompetenzen haben sich für das literarische Schreiben herausarbeiten lassen (vgl. Abraham & Brendel-Perpina 2015, 45). Wie die folgende Grafik andeutet, sind sie begrifflich unterscheidbar und (in Grenzen) modellierbar, aber im literaturbezogenen Handeln nicht überschneidungsfrei:

Die Gestaltungs- überschneidet sich mit der Urteilskompetenz, weil die letztere nicht erst zur Beurteilung mehr oder weniger abgeschlossener eigner und fremder Texte gebraucht wird, sondern bereits in der Phase der Niederschrift, in der gerade erfahrenere Schreiber*innen bereits erste Textrevisionshandlungen vornehmen (vgl. Kap. 4.2, S. 112). Diese resultieren aus einer Selbstbeobachtung beim Schreiben, in der das Geschriebene fortlaufend nicht nur nach Kriterien der sprachlichen Richtigkeit beurteilt wird, sondern auch nach solchen der oben unterschiedenen literarischen Gattungen (vgl. Kap. 2) und gegebenenfalls eines spezifischen Genres. (Außerdem gibt es, obwohl in Kompetenzrastern schwer abzubilden, auch so etwas wie die Schönheit der Sprache.)

Urteilskompetenz wird weiterhin auch im Rahmen der Anschlusskommunikation in den Werkstätten gebraucht, in denen ohne sie keine konstruktive Textkritik geübt werden könnte (vgl. Kap. 3.3). Auch hier gibt es also eine Überschneidung, so dass die drei Teilkompetenzen über zwei Überschneidungsfelder miteinander zusammenhängen.

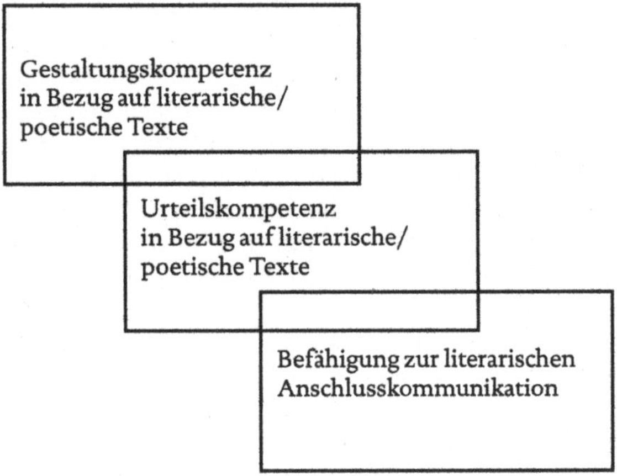

Abb. 2: Drei Teilkompetenzen literarischen Schreibens

3.2 Gestaltungsfähigkeit

Zum Gestaltbegriff

Nach Ulla Fix (1996, 317 f.) zielt Gestalten als »ästhetisierendes Handeln« auf eine innersprachliche Einheitlichkeit, der man »Gestaltqualität« zubilligen kann. Mit diesem Begriff bezeichnete die Gestaltpsychologie um die Wende zum 20. Jahrhundert eine basale Kategorie der Wahrnehmung natürlicher und von Menschen geschaffener Strukturen und Phänomene (vgl. Abraham & Brendel-Perpina 2015, 45 f.). *Gestalt* hat sich seither etabliert als ein holistischer Begriff, der die Eigenheit eines Phänomens jenseits einzelner Merkmale rezeptionsorientiert zu benennen erlaubt; *Gestalt* ist also nicht unabhängig vom Auge (oder Ohr) des Betrachters (vgl. dazu den Abschnitt »Gestaltungskompetenz«, S. 81).

Es liegt nahe, solche Überlegungen vor allem im Kontext ästhetischer Erziehung und kultureller Bildung (vgl. Fuchs 1986, 62 f.) fruchtbar zu machen: Gestalterkennung spielt in der Wahrnehmung der Künste – sowohl der sprach- als der bild- und tonbasierten – eine zentrale Rolle. In der literarischen Moderne wurde der Gestaltbegriff zum Schlüsselbegriff einer interpretativen Literaturwissenschaft, die den Zusammenhang von Inhalt und Form beschreibt (vgl. Simonis 2001, 117).

Noviz*innen literarischen Schreibens brauchen zwar keine weiterführenden gestalttheoretischen Ausführungen, wohl aber ein Bewusstsein für die Interdependenz von Inhalt und Form:

- Die Wahl der Erzählperspektive(n) wirkt sich im narrativen Text unmittelbar auf das inhaltlich Erzählbare aus.
- Die Entscheidung für den Reim beim lyrischen Schreiben hat nicht nur Folgen für den Klang, sondern auch für das im Gedicht Sagbare.
- Unterschiede zwischen einem Bühnentext, einem Hörspiel und einem Filmscript – alles Produkte szenischen Schreibens – sind nicht nur formaler oder technischer Art, sondern reichen weit hinein in die Anlage der Figuren und die Art der Wiedergabe von Handlung und Konflikt.
- Ob ein *spoken word artist* sein Thema in einem gerap-

ten, geslamten oder poetisch-erzählenden (und entsprechend vorgetragenen) Text behandelt, ist von Belang für entsprechend verschieden versprachlichte Inhalte, auch wenn diese dieselben zu sein scheinen.

Form- und Stilwahl beim literarischen Gestalten

Eine literarische Form ist also nichts dem Text Äußerliches; sie ist kein Container für Inhalte, sondern eine Gestalt mit Funktion. Wenn *form follows function*[7] ein für die Ausbildung von Architekten bis heute zentraler Satz ist, so gilt er auch für die Architekten literarischer Texte (vgl. Abraham & Brendel-Perpina 2015, 48). Aber auch in dieser Analogie darf er nicht missverstanden werden. Rudolf Arnheim (1964, 30 f.) sagt über Architektur, dass Funktion allein noch keine Form ausmache und auch die Beschränkung auf reine Zweckdienlichkeit eines Baus den Schöpfer nicht der Notwendigkeit einer Stilwahl enthebe. Auch diese Beobachtung gilt für das ›Bauen‹ von Häusern und Texten gleichermaßen.

Hinsichtlich seiner Lern- und Lehrbarkeit lässt sich Stil, als ebenfalls holistischer Begriff, schwer anhand einzelner isolierter Merkmale beschreiben. Es hilft aber, ihn sich als variierbar auf vier Achsen vorzustellen (vgl. Abraham 2011, 340):

7 Louis Sullivan, »The tall office buildung artistically considered« in: *Lippincott's Magazine*, March 1896, S. 111. https://ocw.mit.edu/courses/architecture/4-205-analysis-of-contemporary-architecture-fall-2009/readings/MIT4_205F09_Sullivan.pdf (Stand: 16.4.2020).

- *prägnant vs. explizit* (Grad der Ausführlichkeit);
- *konstant vs. variant* (Grad der Einheitlichkeit);
- *nahe vs. distant* (Grad der Schriftsprachlichkeit);
- *neutral vs. markiert* (Ausdrucksstärke).

Von einem Versuch im Klassenzimmer einer 9. Klassen berichte ich in Abraham (2011): Die Schülerinnen beurteilten sechs kurze Texte aus F. C. Delius' *Die Minute mit Paul McCartney*,[8] indem sie den jeweiligen Leseeindruck in ein Raster eintrugen, das zwei dieser vier Achsen vorgab (vgl. Abb. 3). Diese Reaktionen Lernender auf inhaltlich recht ähnliche, stilistisch jedoch denkbar unterschiedliche Texte wurden sowohl miteinander als mit einer Gegenprobe verglichen, die unter Expert*innen (aus der Deutschdidaktik der Universität Bamberg) zu diesem Zweck erhoben worden war. Die Auswertung des von den Schülerinnen ausgefüllten Arbeitsblattes und der Vergleich mit den Einschätzungen der Expert*innen ergab, dass sich letztere untereinander in ihren Einschätzungen zwar wesentlich einiger waren als die Schüler*innen – jedoch nicht bei allen Texten: Offensichtlich hängt es nicht nur vom Sprachbewusstsein der Probanden ab, wie sie die Stilwirkung der Textproben einschätzen, sondern auch von diesen Proben selbst (vgl. Abraham 2011, 351).

Während nun die meisten pragmatischen Textsorten (z. B. Bericht, Beschreibung) durch je spezifische Lesererwartungen auf den oben vorgestellten vier Achsen ziem-

8 Friedrich Christian Delius greift in *Die Minute mit Paul McCartney. Memo-Arien* (Transit 2005) die Idee aus Raymond Queneaus Klassiker *Stilübungen* (1947) auf, dieselbe Alltagsbegebenheit auf möglichst viele verschiedene Arten zu erzählen.

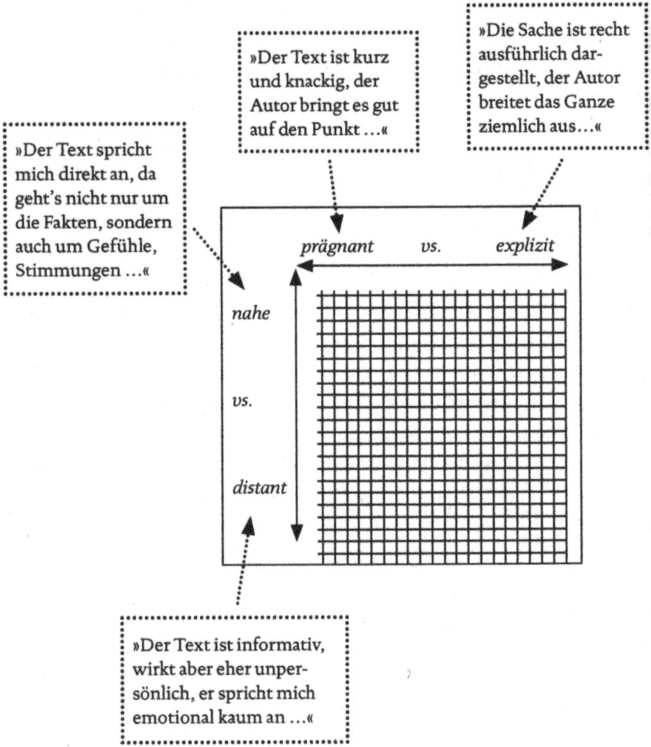

Abb. 3: Stilistische Einschätzung literarischer Texte (Arbeitsblatt für eine 9. Klasse, aus Abraham 2011, 355)

lich festgelegt sind, genießen Autor*innen eines literarischen Textes weitreichende Freiheit in ihren diesbezüglichen Entscheidungen: Mit wie viel Ausführlichkeit (erste Achse) und sprachlicher Einheitlichkeit (zweite Achse) sie eine Idee ausführen wollen, ist durch keine Norm geregelt. Wo es Konventionen und Traditionen gibt (etwa des narrativen Schreibens im Roman), kann eine Gestaltungsentscheidung jederzeit damit brechen – Literatur definiert sich ja nicht zuletzt über Regelverletzung und Normbruch.

Gilt das für einen Text im Ganzen, so sollte man dennoch nicht glauben, über den Stil würden Autor*innen nur einmal entscheiden und bräuchten dann nur noch dieser Entscheidung konsequent zu folgen. Vielmehr kann man für jede einzelne Formulierung auf der dritten Achse einen Punkt zwischen konzeptionell schriftsprachlichem Stil und dem der Mündlichkeit finden. Und schließlich können, das betrifft die vierte Achse, Formulierungen dort, wo sie stehen, unauffällig (unmarkiert) oder herausgehoben (markiert) sein.

Gestaltungskompetenz

Im Unterschied zu pragmatischen Textsorten, deren Konventionen uns Stilwahlentscheidungen mehr oder weniger weitgehend ersparen, sind diese also beim literarischen Schreiben ein unhintergehbares Erfordernis. So betrachtet, ist Gestaltungskompetenz auch die Fähigkeit, den Punkt des Schreibprozesses zu erkennen, an dem der eigene Text dem Schreiber zur Gestalt werden kann und soll, und dann diesen Punkt auch zu nutzen, um diese Gestalt zu schärfen.

Nötig ist dazu ein Innehalten im Schreibfluss und ein erster ›fremder‹ Blick auf den eigenen Text. Schreiber*innen brauchen in diesem Augenblick nicht so sehr eine Liste jener ›Stilmittel‹, die die antike Rhetorik lehrte, um Texte mit ihnen ›auszuschmücken‹. Was sie stattdessen brauchen, sind ganzheitlichere Kategorien, also solche der Gestaltwahrnehmung: *Stil, Form, Ton, Rhythmus.* Diese Kategorien sind, wie im vorigen Abschnitt am Beispiel der Kategorie ›Stil‹ gezeigt wurde, wirkungsbezogen; ihre Verwendung im Rahmen eines Werkstattgesprächs ist praktische Sprachreflexion. Welche Wirkung ein Textentwurf erzielen soll und welche er tatsächlich (noch nicht) erzielt, ist mit ihrer Hilfe zu klären. Das gilt für die Selbstreflexion des Schreibers ebenso wie für die Auseinandersetzung mit der Reaktion erster Leser oder Hörer auf einen Entwurf.

Freilich darf diese methodisch willkommene temporäre Fremdheit nicht in irreversible Entfremdung zwischen dem Textentwurf und seinem Autor umschlagen. Einen solchen Umschlag erleben Teilnehmer*innen an Schreibkonferenzen oder Werkstattgesprächen, die nach der Besprechung ihres Entwurfs den eigenen Text nicht wiedererkennen. Mit eigener Gestaltungskompetenz auf eine solche Besprechung zu reagieren, bedeutet auch, die Ratschläge der andern nicht *alle* und nicht *vollständig* umsetzen zu wollen (vgl. dazu Kap. 4.4).

Zusammengefasst beinhaltet Gestaltungskompetenz die Fähigkeit und Bereitschaft, Ideen für eigene Texte zu sammeln, zu entwickeln, zueinander in Beziehung zu setzen und dabei fremde Texte als inhaltliche oder formale Impulse in Erwägung zu ziehen (ohne sie in jeder Hinsicht imitieren zu wollen). Gestaltungskompetent zu sein bedeutet, für einen geplanten Text Form und Schreibhaltung bzw. Stil zu finden, Entwürfe zielgerichtet zu überarbeiten und dabei Sprache/Stil, Aufbau/Struktur und Thema zu bedenken sowie den bereits geschriebenen Text an entsprechenden Zielvorstellungen zu messen. Darüber hinaus sollten eigene und fremde Entwürfe mit bekannten Bauformen der Literatur abgeglichen und aus fremden Texten übernommene Motive, Symbole, Metaphern erkannt werden können. (Über ihre Verwendung/Nichtverwendung kann dann immer noch entschieden werden.)

Gebraucht wird für all das prozedurales Wissen, also Wissen darüber, wie man in eine literarische Textproduktion einsteigen, welche Verfahren man bei ihrer Gestaltung einsetzen, und wie man erste Entwürfe erstellen, bearbeiten und weiterentwickeln kann. Prozedurales literaturbezogenes Wissen dieser Art ist allerdings weniger zugänglich als deklaratives Wissen, wie es die Neuphilologien seit ihrer Entstehung im 19. Jahrhundert sammeln und strukturieren. Es ist kein ›germanistisches Wissen‹ und – mit Ausnahme einiger populärer Techniken des kreativen Schreibens – in der Ausbildung von Literaturlehrer*innen kaum präsent. Das liegt teilweise am Selbstverständnis einer Literaturwissenschaft, die allzu lange eher auf *Kennen* als auf *Können* gesetzt hat; es liegt aber außerdem an der Natur prozeduralen Wissens (vgl. Kap. 1.2, S. 18).

Beim literarischen Schreiben eigenes Handlungswissen zu durchdenken, analytisch aufzubereiten und für andere darzustellen, ist nicht selbstverständlich, aber möglich. Es verhält sich damit wie in Brechts Gedicht vom Zöllner, der dem Philosophen auf dem Weg in die Emigration seine

Einsichten »abverlangt«:[9] Jemand muss danach fragen. Während Schüler*innen dies nur bedingt können und auf eine bereits ausgearbeitete Didaktik literarischen Schreibens angewiesen sind, sind Deutschlehrerkräfte, die mit Expert*innen der kulturellen Praxis Literatur arbeiten, »die idealen Zöllner« (Abraham & Brendel-Perpina 2015, 51).

3.3 Urteilsfähigkeit

Psychologische, ontologische und sprachliche Auffassung des Urteilsaktes

Erkenntnistheoretisch betrachtet, beruht Urteilen immer auf »Gestaltwahrnehmung« (vgl. Neuweg 2001, 283 sowie Kap. 3.2, S. 76); insofern folgt dieser Abschnitt logisch auf den vorigen. Man muss nur die Perspektive wechseln und Gestalt nicht mehr als die zu lösende Aufgabe betrachten (im Akt des Schreibens ist sie herzustellen und zu bearbeiten), sondern als die bereits vorliegende und zu beurteilende Leistung.[10]

Urteilsfähigkeit wird – seit Kants *Kritik der Urteilskraft* (1790) – als eine Fähigkeit des logisch denkenden Verstandes angesehen. Die Philosophie des 20. Jahrhunderts unter-

9 Vgl. Bertolt Brecht, »Legende von der Entstehung des Buches Taoteking auf dem Weg des Laotse in die Emigration«, in: *Gesammelte Gedichte*, Bd. 2, hrsg. von Elisabeth Hauptmann, Suhrkamp 1976, S. 660–663.

10 Während ich den Begriff ›Leistung‹ hier mit Bedacht verwende, möchte ich doch davor warnen, Beurteilung mit Bewertung im schulischen Sinn gleichzusetzen (zur Letzteren vgl. Kap. 4.4).

scheidet eine psychologische, eine ontologische und eine sprachliche Auffassung von Logik (vgl. Tugendhat & Wolf 1983, 17) und kommt damit zu drei miteinander zusammenhängenden Urteilsbegriffen:

- Urteil als psychischer Akt;
- Urteil als Akt der Erkenntnis;
- Urteil als sprachliche Äußerung.

Alle drei Urteilsbegriffe sind für eine Theorie der Beurteilung literarischer Texte relevant (vgl. Abraham & Brendel-Perpina 2015, 25–27). Insofern Urteilsprozesse auf einer Wahrnehmung des Gegenstandes beruhen, über den geurteilt oder der beurteilt werden soll, ist *Urteilsbildung in einem psychologischen Sinn* grundlegend. Sie setzt sinnliche Präsenz ihres Gegenstandes voraus und ist holistisch (auf ein gestaltetes Ganzes gerichtet), dabei aber stets perspektivisch, d. h. nie in irgendeinem Sinn vollständig oder total. Und sie kann eben deshalb in ihren Bedingungen optimiert werden, z. B. durch Veränderung der Perspektive oder Vergleich mit anderen Gegenständen der Wahrnehmung (vgl. ebd.).

Beschreibendes und wertendes Urteilen

Da Wahrnehmung nicht passives Aufnehmen, sondern aktives Erfassen und Erkennen ist, sind beim *Urteilen als Akt der Erkenntnis* Kriterien der Betrachtung und bereits mitgebrachte gegenstandsbezogene Vorstellungen (Weltwissen) und Begriffe (literaturbezogenes Wissen) wirksam.

Dies muss zwar dem Urteilenden, der ein Geschmacksurteil zu fällen glaubt, nicht bewusst sein, aber kategorien- und kriterienlos ist kein Urteilen möglich. Auch für Geschmacksurteile gilt, dass sie den Vergleich mit anderen, ähnlichen Wahrnehmungsgegenständen (z. B. Texten) implizieren und eine Vorstellung von einem wohlgestalteten derartigen Gegenstand enthalten und verstärken. Nicht alle Urteile aber sind Geschmacksurteile. Während mit diesen Gefallen, Missfallen oder Gleichgültigkeit ausgedrückt und das Beurteilte damit an einem mehr oder weniger geklärten Qualitätsmaßstab gemessen wird, zielen andere Urteile nicht auf eine solche Bewertung, sondern lediglich auf eine Beschreibung und verstehende Einordung des Wahrnehmungsgegenstands. (Ein Beispiel aus dem Unterricht ist etwa der in Kap. 3.1 erwähnte Versuch einer Einschätzung inhaltlich ähnlicher, aber stilistisch stark unterschiedlicher Kurztexte.)

Beide Arten von Urteilsakten, die beschreibenden und die wertenden, bedürfen der Kriterien und sind von der eingenommenen Perspektive abhängig. Ein literarischer Text(entwurf) ist beispielsweise unter bestimmten Gesichtspunkten als lyrischer Text zu betrachten, unter anderen eher als prosanah. Damit ist zunächst keine Wertung verbunden (Lyrik ist ja nicht irgendwie ›besser‹ als Prosa), wohl aber das Anlegen von Kriterien. Unter verschiedenen Perspektiven und ausgehend von unterschiedlichen Erwartungen kann derselbe Text als langweilig oder aufregend, als langatmig oder detailliert, als unkonventionell oder sprachlich fehlerhaft wahrgenommen werden. Das wiederum impliziert eine Wertung, die oft einem ästhetischen Wirkungsideal verpflichtet ist.

Hier kommt nun der dritte eingangs dieses Kapitels unterschiedene Urteilsbegriff zum Tragen, *das Urteil als sprachliche Äußerung*. Denn Urteile, gleich ob sie das Erkennen und Verstehen oder das wertende Einschätzen eines Gegenstandes zum Ziel haben, müssen sprachlich gefasst werden, um kommunikabel zu sein. Werturteile, wie sie regelhaft in Literaturkritiken vorkommen, werden mit Hilfe sprachlicher Formulierungen (z. B. wirkungsbezogener Adjektive und Adverbien) ausgedrückt. Nichtwertende Urteile, etwa über die Zugehörigkeit eines neuen Werkes zu einer literarischen Tradition oder einem Genre, bedürfen anderer sprachlicher Formulierungen (z. B. literatur- oder kulturwissenschaftlicher Beschreibungsbegriffe wie etwa ›Stilmix‹ oder ›postmoderne Montagetechnik‹).

Literarische Urteilsbildung, wie Abraham und Brendel-Perpina (2015, 25–35) sie von solchen Überlegungen aus darstellen, wird von Lesenden und Schreibenden vorgenommen, um einen Entwurf im Rahmen einer bestimmten Form-, Struktur-, Gattungs- oder Wirkungserwartung verstehend zu beschreiben und/oder wertend einzuschätzen. Nicht jedes Urteilen mündet in eine Wertung (es gibt auch rein sachbezogene Urteile), aber Werten ist ohne Urteilen nicht möglich. Sowohl beschreibendes als auch wertendes Urteilen sind eingespannt in einen Rahmen, der Literatur als lebendige kulturelle Praxis versteht und in diesem Zusammenhang solches Urteilen als Bedeutung schaffende und Maßstäbe setzende Tätigkeit der Akteure des literarischen Marktes (vgl. Kap. 1.1). Der Begriff ›literarische Wertung‹ wäre in diesem Zusammenhang einer ausführlicheren Würdigung wert, als sie im Rahmen der vorliegenden knappen Darstellung möglich ist (vgl. Brendel-Perpina 2019, 26–48).

Für deren Zwecke muss es genügen, operative und verbale Akte des Wertens zu unterscheiden. Operative Akte sind etwa der Kauf eines Buches, die Zuerkennung eines Literaturpreises oder die Aufnahme eines Titels in eine Leseliste; verbale Akte dagegen sind sprachlich gefasste Wertungen, die einem Text entweder explizit eine positive oder negative Eigenschaft zuschreiben oder ihn implizit werten. Das Letztere, d. h. der Verzicht auf eine explizite Eigenschaftszuschreibung, ist im literaturkritischen Diskurs des Feuilletons nicht unüblich und wird gelegentlich verbunden mit appellativen Aussagen (›Diesen Roman sollten Sie lesen!‹) oder Wirkungsversprechungen (›Sie werden ihn nicht mehr aus der Hand legen!‹).

Lehr- und Lernbarkeit literarischen Urteilens und Wertens

Didaktisch gewendet, ergibt sich aus diesen Überlegungen zur literarischen Urteilsfähigkeit die Einsicht, dass sowohl verstehende als auch wertende Urteile entwicklungsfähig und somit das kriteriengeleitete Beschreiben eines Textes ebenso wie seine Wertung lehr- und lernbar sind. Urteilsfähigkeit in Bezug auf literarische Text(entwürf)e schließt nach Zabka (2013, 7–9) ein:

- differenzierte Wertkategorien anwenden und einen Text auf einer Skala positionieren zu können;
- über Möglichkeiten differenzierter sprachlicher Darstellung von Werturteilen zu verfügen und diese gegenstandsbezogen angemessen einzusetzen;

- rezeptionsbegleitende Emotionen und Einflüsse von Vorerfahrungen und Erwartungen dabei zu berücksichtigen;
- die Wertkategorien selbst zu reflektieren und bei Bedarf zu explizieren;
- fremde Werturteile nachvollziehen zu können und bereit zu sein, eigene Wertungen als veränderbar zur Diskussion zu stellen.

Der damit vorgeschlagene Urteilskompetenzbegriff schließt nicht nur das Urteilen über Texte ein, sondern auch die Kommunizierbarkeit des eigenen Verstehens, Beschreibens, Erklärens oder Reflektierens darüber (vgl. Abraham & Brendel-Perpina 2015, 56 f.).

Kriterien oder Maßstäbe für die literarische und ästhetische Qualität von Texten sind im Übrigen nicht nur für Schüler*innen, sondern auch für (angehende) Lehrkräfte unbefestigtes Terrain. Entsprechende Unsicherheiten in der Urteilsfähigkeit belegt Markus Steinbrenner beispielsweise durch die Aussage einer Studierenden: »Immer wird nur die Qualität der Texte betont – die Vortragenden sollen doch auch einmal genaue Kriterien angeben, was diese Qualität ausmacht.« (Steinbrenner 2004, 180)

3.4 Fähigkeit zur (Anleitung von) Anschlusskommunikation

Herkömmlicher und erweiterter Begriff von ›Anschlusskommunikation‹

Im Sinn der Leseförderung war mit ›Anschlusskommunikation‹ eine literaturbezogene Interaktion gemeint. Gleich, ob bereits die Leseerfahrung eine gemeinsame war (in der Lerngruppe oder *Peer Group*) oder ob sich die Gemeinschaft der Lesenden erst nach der (individuellen) Lektüre herstellte: Lese- und literarische Erfahrungen sollten in soziale Kontexte eingebettet werden, damit »eine Verbindung zwischen individueller Lektüre und Lesekultur sowie der Teilhabe der Leserinnen und Leser am kulturellen und gesellschaftlichen Leben« geschaffen wird (Hurrelmann 2002, 15). Als »soziale Ko-Konstruktion von Bedeutungen« (ebd.) ermöglicht Anschlusskommunikation nach diesem vor allem von Bettina Hurrelmann geprägten Verständnis die Einübung in kulturelle Teilhabe. Was in (manchen) Familien und unter (manchen) Gleichaltrigen eine reale Praxis darstellt und informelle Lernprozesse begründet, bietet Anschlussstellen für literarische Lehr-Lernprozesse im schulischen Kontext, und dort haben alle Lernenden Zugang zu einer solchen literarischen Kommunikation. Da geht es dann auch um die »Fähigkeit, sich über Gelesenes auszutauschen« und in diesem Zusammenhang um Toleranz bei unterschiedlichen Interpretationen sowie das »Aushandeln von Bedeutungskonsensen« (vgl. ebd.).

An das literarische Schreiben war in diesem von der Lesedidaktik modellierten Begriff von Anschlusskommunikation seinerzeit gar nicht gedacht. Nach der Etablierung der literarischen Werkstätten im LSiD-Programm zeigte sich jedoch, dass es nicht nur möglich, sondern beinahe zwingend ist, Werkstattgespräche über Textentwürfe bzw. deren Deutung, Kritik und Verbesserung ebenfalls als Anschlusskommunikation zu interpretieren (vgl. Abraham & Brendel-Perpina 2015, 71): Auch diese Interaktion ist ko-konstruktiv, und auch sie kann sozialisatorische Bedeutung erlangen. Allerdings steht dann eher die Schreib- als die Lesesozialisation im Fokus. Aber auch die Befähigung zur Teilhabe als übergreifende Zielperspektive, so wie sie Hurrelmann bereits in den 1980er Jahren formuliert hat, kehrt hier wieder: Nicht nur Lese-, sondern auch poetische Kompetenz sorgt für Teilhabemöglichkeiten an der kulturellen Praxis Literatur. Tatsächlich (aber dazu gibt es noch keine empirischen Befunde) dürften die im Produktionsprozess zu machenden Erfahrungen mit poetischem Ausdruck intensiver sein als diejenigen, die bei der Rezeption von Literatur zu erwarten sind.

Festzuhalten ist: In einem Überschneidungsbereich von literarischer Rezeptionskompetenz (Texte verstehen), literarisch-ästhetischer Kompetenz (Form und Gestalt erkennen) und literarischer Handlungskompetenz (Entwerfen und Schreiben) ist ein Erfahrungspotenzial angelegt, das sich der Verortung des literarischen Lesens und Schreibens im sozialen Raum verdankt.

Zum literarischen (Unterrichts-)Gespräch gibt es einen umfangreichen didaktischen Diskurs, auf den hier nicht eingegangen werden kann. Es genügt festzuhalten, dass der Begriff durch den Einbezug eigener Textentwürfe eine Erweiterung gegenüber seinem traditionellen Verständnis erfährt. Diesem zufolge ist es nämlich fast immer ein bereits als literarischer, ja meist hochliterarisch eingestufter Text, mit dem die Lernenden in variierenden Settings konfrontiert werden (vgl. Zabka 2020). Diese Einschränkung gilt zwar auch für das in den vergangenen fünfzehn Jahren von einem Heidelberger Autorenkollektiv um Gerhard Härle entwickelten und erprobten Konzept des literarischen Unterrichtsgesprächs, das auf Gleichberechtigung und ›Vielstimmigkeit‹ des literaturbezogenen Sprechens im Unterricht zielt. Aber literarische (Unterrichts-)Gespräche in diesem Verständnis, die in ihrer Offenheit keine fixierbare Interpretation eines literarischen Textes anstreben und durch die Artikulation persönlicher Leseerfahrungen der Teilnehmer*innen die Texte selbst zum Sprechen bringen wollen, schlagen dennoch eine Brücke zur Anschlusskommunikation im Sinn der LSiD-Werkstätten: Die dialogischen Verständigungsbemühungen der Rezipienten ermöglichen hier wie dort eine prinzipiell nie abgeschlossene gemeinsame Sinnsuche: »Im Literarischen Gespräch als ›wahrem Gespräch‹ sind Sprachformen zu suchen, die nicht auf definitorische Erklärung aus sind, sondern die den poetischen Nachvollzug ermöglichen« (Härle 2004, 148). Die dafür zentralen Begriffe der Offenheit und Mehrdeutigkeit stellen auch in der sozialen Interaktion über eigene Textentwürfe eine Herausforderung dar. Bereits in der herkömmlichen Auslegung des literarischen Gesprächs gehört neben dem Textthema – einem Aspekt der menschlichen Grunderfahrung, den Literatur am Beispiel konkretisiert und erfahrbar macht – auch seine literarische Verfasstheit dazu. Es geht also auch um die Wahrnehmung der *Sprachlichkeit* der Texte. Erst recht wird dies gelten, wenn der Gesprächsgegenstand nicht ein Gedicht von Brecht, Celan oder Kafka ist, sondern ein Gedichtentwurf aus der Werkstatt *Lyrisches Schreiben*. Im Unterschied zu einem Gespräch nach der ›Heidelberger Schule‹, in dem die Frage nach der Autorintention verpönt ist, ›gibt‹ es eine solche aber im Werkstattgespräch – der oder die Schreibende sitzt ja meist mit am Tisch.

Allerdings wird man sich auch hier hüten, Absichtserklärungen oder Selbstdeutungen des Autors für das letzte Wort über den Text zu halten; das berühmte Wort Adornos (1977, 256) über Kafka, der Künstler sei nicht gehalten sein eigenes Werk zu verstehen, gilt auch in diesem Kontext. Das, was Umberto Eco (1992, 425 f.) die *intentio operis* (›Absicht des Werkes‹) nennt, also eine von der *intentio auctoris* (›Absicht des Autors‹) unterscheidbare Größe, ist erst im Werkstattgespräch auszuhandeln. Die Handlungsmuster literarischer Gespräche erlauben auch in diesem Setting beschreibende, zusammenfassende, interpretierende und wertende Äußerungen. Erst deren funktionales Zusammenspiel in der Kommunikation führt zu einem Resultat, das (hoffentlich) als Rückmeldung an den Urheber oder die Urheberin des Textentwurfs taugt.

Eine Anschlusskommunikation, die auf diese Weise in den Prozess literarischer Produktion integriert ist, begleitet nun das Schreiben und Entstehen von Texten und stellt insofern eine *Sonderform* dar, als hier Rückmeldungen zu Textentwürfen realisiert werden, die den Schreibenden in eine sein Tun unterstützende Kommunikation mit Rezipierenden einbinden (vgl. Abraham & Brendel-Perpina 2015, 116). Mit anderen Formen der Anschlusskommunikation gemein hat diese Sonderform das Ausgehen von Gestaltwahrnehmung und Urteilsbildung über einen Text; sie ist allerdings dabei weniger auf Interpretation als auf konstruktive Kritik ausgerichtet. Im Rahmen des »geselligen Schreibens« (ebd., in Anlehnung an Mattenklott 1979, 175) und Kommunizierens lernen Schüler*innen, ihre Texte als entwicklungsfähig wahrzunehmen, Kritik zu akzeptieren und Vorschläge zu bedenken. Sie erproben Formen angemessener Textkritik, indem sie sich eigener Maßstäbe bewusst werden und diese mit anderen aushandeln.

Anleitung von Anschlusskommunikation

In jeder Beteiligung an literarischer Anschlusskommunikation liegt eine Chance auf Lernen am Modell – vorausgesetzt, die Lehrperson versteht und verhält sich als »Experte der Textkultur« (Steinbrenner 2004, 179): Viele Werkstattgespräche mögen wirken, als ergäben sich einzelne Aspekte, unter denen Textentwürfe diskutiert werden, wie von selbst aus einander. Aber das wäre kaum der Fall, wenn nicht eine erfahrene Lehrperson da wäre, die kleinere oder größere Impulse setzt und auch dann, wenn sie nicht dominant wirkt, darauf achtet, dass das Gespräch sowohl Inhalt und Thema als auch Sprache und Form des in Rede stehenden Textes aufgreift. Sie sorgt dafür, dass wichtige von nebensächlichen Beobachtungen unterschieden werden und die Gesprächsbeiträge den Bedingungen eines konstruktiven *Peer Feedback* genügen (vgl. Kap. 4.2, S. 107). Die Beiträge sollten genau in der Beschreibung, aber vorsichtig in der Wertung sein und kritische Äußerungen aus dem eigenen Verständnis des Textes begründen; und sie sollten den Text und seine Wirkung aus einer Leser-, nicht einer Richterperspektive thematisieren. Wie eine Studie von Johannes Mayer zu Erfahrungen Lehramtsstudierender in literarischen Gesprächen zeigt, können auch Studierende – und sicherlich auch ältere Schüler*innen – bereits lernen Anschlusskommunikation anzuleiten (vgl. Mayer 2017, 317–323).

Lehrende sind in dieser Hinsicht in ihrer Aus- und Weiterbildung immer selbst auch Lernende. Neben der Festigung und Erweiterung der eigenen Urteilsfähigkeit geht es für Lehrende vor allem darum, sprachliche Handlungsmuster zu entwickeln, die zwischen dem literarischen Text(entwurf) und der Erfahrungswelt sowie den sprachlichen Fähigkeiten der jeweiligen Zielgruppe vermitteln können. Indem Lehrer*innen sich im Rahmen von LSiD mit den Expert*innen der Textkultur, die die Werkstätten leiten, auf diese Sonderform von Anschlusskommunikation einlassen, erwerben sie eigene Erfahrungen im Gespräch über Texte und Textentwürfe, die ihnen später eine eigenständige Anleitung ähnlicher Anschlusskommunikation im Klassenzimmer ermöglichen.

4 Handlungs-, Prozess- und Produktionsorientierung: Kreation, Adaption, Überarbeitung, Bewertung

Im Rahmen der seit den 1980er Jahren im Deutschunterricht etablierten Handlungs- und Produktionsorientierung ist Schreiben ein Nach-Schaffen, das der Erarbeitung von Kennzeichen einer Gattung, von Merkmalen einer Epoche oder von stilistischen Eigenheiten eines Autors dient. So wenig aber literarisches Schreiben zu reduzieren ist auf ›kreatives Schreiben‹ (vgl. Kap. 1.2, S. 18), so wenig erschöpft es sich in einer solchen operativen Analyse der im Literaturunterricht behandelten Werke: Die hier dargestellten Verfahren des Entwerfens, Verfassens, Überarbeitens und Bewertens von Literatur gehen weder im *creative writing* noch in der Handlungs- und Produktionsorientierung auf (vgl. Abraham 2017, 82). Neben diese muss vielmehr eine Prozessorientierung treten, die den Weg von der schöpferischen Idee zum geschaffenen Produkt im Blick hat: Schreiblehrer*innen können Wegstrecken begleiten, Stationen benennen und Ausrüstung bereitstellen.

4.1 Kreation und Adaption

Inspiration und ›Handwerk‹

Jedes künstlerische Schaffen ist von Einfällen abhängig, abstrakter gesagt: von Inspiration. Dieser Gedanke ist zwar seit der Antike Teil der abendländischen Geistesgeschichte (vgl. Sowa 2018, 89 f.). Er hat jedoch bis zum Aufkommen der Genieästhetik in der Epoche des ›Sturm und Drang‹ die Literaturproduktion nicht daran gehindert, sich nach Regeln und Konventionen zu richten; noch die Barocklyrik gehorchte einer Regelpoetik.[11] Originalität zeigte sich im Rahmen dieser Poetik in der immer neuen Füllung bekannter und bewährter Formen. Erst die Generation des jungen Goethe brach damit und folgte einer neuen Ästhetik des Regellosen. Das erweiterte die Möglichkeiten poetischen Gestaltens beträchtlich, schuf aber auch ein neues Problem: Eine Regelpoetik kann gelehrt werden, die Regellosigkeit dagegen nicht. Von diesem Moment an galt der Autor als ein genialer Schöpfer, den zu imitieren unmöglich sei; Dichter waren nicht mehr bildbar (vgl. Bosse 1978).

Versuche, an die ältere produktionsästhetische Tradition anzuknüpfen, gibt es seit etwa 1980. So liegt Manfred Herrmanns *Schule der Poetik* (1980) eine Ästhetik des dichterischen Ausdrucks zugrunde, wie sie in der Goethezeit entwickelt wurde und durch das 19. Jahrhundert hindurch galt. An Heinz Birners *Kreativen Gestaltungsübungen* (1978) fällt positiv die Überzeugung des Autors auf, dass Lernende »nach lehr- und lernbaren Richtlinien geformte sprachliche Gebilde handwerksmäßig sauber für sich und andere überprüfbar zustande bringen« können (ebd., 24). Hörspiele und »Situationsbilder in Gedichtform« lässt Birner methodisch erarbeiten, und seine Darstellung enthält neben den fertigen Produkten erste Fassungen, Anmerkungen der Lehrperson und eine Skizze des Produktionspro-

11 Für einen historischen Überblick unter dem Aspekt der poetischen Imitation vgl. Stemmer-Rathenberg (2011, 6–15).

zesses. Seit den 1990er Jahren wird dann »Kreatives Schreiben« neu interpretiert »als Erlernen literarischer Techniken« (Spinner 1993, 22). Dieses Verständnis weist eine gewisse Affinität zum didaktischen Konzept literarischen Schreiben auf, wie es in den erwähnten Literaturhausprojekten aktuell umgesetzt wird. »So wenig Handwerk allein genügt, so naheliegend ist es, bei diesem zu beginnen: Es ist lehrbar, seine Beherrschung kann – bedingt – vermittelt werden« (Abraham & Brendel-Perpina 2015, 17).

Literarische Verfahren, wie sie in Kap. 2.1, S. 50 als tabellarischer Überblick aufgeführt sind, können dabei als Einladung zur Ausbildung einer Routine, aber gleichzeitig auch zur beständigen Variation verstanden werden. Im Spannungsfeld von Arbeiten nach einem Muster und eigenem Einfall bildet sich Gestaltungsfähigkeit allmählich heraus. Der Kunstpädagoge Hubert Sowa verfolgt diesen Zusammenhang durch die abendländische Geistes- und Kunstgeschichte und bedauert seine »Verschließung« in der Epoche der Moderne (Sowa 2018, 102–108). Er plädiert gegen den »Zerfall des musischen Wissens« (ebd., 108) und für eine Wiedergewinnung der »poietischen Techne« als eines »Herstellen-Könnens« (ebd., 159–168). Dieses Können habe eine handwerkliche Seite (»Formen von Stoff«: ebd., 162), basiere aber auch auf Eingebung und Ergriffensein, sei also gleichzeitig »Empfangen und Machen« (ebd., 102).

Um die Wiedergewinnung eines solchen Kunstverständnisses, das weder allein auf die Inspiration setzt noch ausschließlich auf das Handwerkliche, geht es auch im literarischen Schreiben. In der Werkstatt *Erzählendes Schreiben* wird das Prinzip »Imitation und Variation« genutzt

(Wörner, Rau & Noir 2012, 24 ff.). Ulrike Wörner und Yves Noir erläutern dieses Vorgehen in einem der Interviews, die im Rahmen der Begleitforschung durchgeführt wurden, so: »Man nimmt vorgegebenes Material und betrachtet Sprache erst einmal nur als Material. Dies ist ein extrem kreativer und schöpferischer Akt.« Imitativen Verfahren kommt dabei eine wichtige Funktion zu: »Es geht nicht um Plagiate, es geht um Verarbeitung« (Abraham & Brendel-Perpina 2015, 59). Für Wörner (in Bezug auf den entstehenden Text) und Noir (in Bezug auf Fotos) ist eine handwerkliche Sicht auf literarisches Arbeiten wichtig: Man kann eine Handlung so aufbauen, dass Spannung entsteht, dabei auch den Nebenfiguren Beachtung schenken und vor allem die Erzählperspektive(n) klären; auch beim Fotografieren ist eine Perspektive zu reflektieren, daneben aber auch Bildausschnitt (Cadrage) und Bildaufbau (vgl. ebd., 108).

Diese handwerkliche Seite des Schaffens bliebe allerdings unfruchtbar, wenn es nicht eine Kernidee gäbe, die Adaption und Variation von Mustern steuert; davon handelt der folgende Abschnitt.

Kernidee, Schreibplanung und dafür zu adaptierende Muster

Einstiege in ein Schreibprojekt sind genauso vielfältig, wie die Autor*innen und Themen es sind. Vielleicht ist zuerst eine Anfangsszene oder eine Figur da, vielleicht aber auch nur ein Titel. Befragt man professionelle Schriftsteller*innen, so erhält man dazu ganz unterschiedliche Antworten, und auch diese werden wohl die wirkliche Genese des betreffenden Werkes nur bedingt abbilden. Gelegentlich ist ein solcher Prozess biografisch oder autobiografisch dokumentiert und kann dann, etwa über die Rekonstruktion von Überarbeitungsphasen oder den Vergleich von Entwurfsfassungen (vgl. Schildt 1980), Gegenstand von Deutschunterricht sein (vgl. Radvan 2010): Der Blick der Lernenden wird nicht nur auf das Produkt ›Text‹ gerichtet, sondern auch auf dessen Produktion. »So bekommen Schülerinnen und Schüler eine Vorstellung von Poetik – hier nicht verstanden als Dichtungstheorie oder gar normative Regelpoetik, sondern als die basale Erfahrung, wie Sprache zu Literatur zusammengesetzt werden kann.« (Ebd., 202)

Eine filmische Selbstdokumentation liegt zu John von Düffels Roman *Houwelandt* vor;[12] sie umfasst den ganzen Weg von der ersten Idee bis zum druckfertigen Text. Aus einer nicht übermäßig originellen Kernidee – der achtzigste Geburtstag eines vermögenden Patriarchen soll die zerstrittene Familie einigen, bewirkt aber das Gegenteil – entsteht allmählich ein Schreibplan. Und im Zug der Umsetzung eines solchen Schreibplans wird früher oder später die Frage auftauchen, welche anderen literarischen Texte vergleichbare Darstellungsprobleme *wie* gelöst haben – einfacher gesagt: ob es Muster gibt. Im Fall von *Houwelandt* ist das (literaturgeschichtlich) der Generationenroman oder (filmhistorisch) die Familiensaga.

Von der Systematik, mit der man etwa ein Sachbuch oder eine wissenschaftliche Arbeit planen würde, ist der literarische Schaffensprozess in den meisten Fällen wohl

12 *Houwelandt – Ein Roman entsteht* (Regie: Jörg Adolph, D 2005).

weit entfernt. In der ›kulturellen Praxis Literatur‹ entwickelt jeder Autor, jede Autorin selbst eine Routine des Umgangs mit der Prozess- und Produktplanung, irgendwo zwischen den Extremen eines ausufernden ›Zettelkastensystems‹ einerseits und eines ›Drauflosschreibens‹ scheinbar ohne Vorausplanung. Was für den einen gut funktioniert, ist für die andere keine zielführende Lösung.

Das heißt allerdings nicht, dass für Noviz*innen literarischen Schreibens nicht Hilfestellungen nötig und möglich wären. »Macht das, wie ihr wollt!« ist in der Regel kein didaktisch sinnvoller Ratschlag. In ihrem Praxismaterial zum Klassenroman haben Tilman Rau und Ulrike Wörner (2016) Arbeitsschritte skizziert, die sich in Unterrichtsprojekten bewährt haben: Ideensammlung, Schreibübungen zur Ideengenerierung, Abstimmung über konkurrierende Romanideen im Klassenplenum (vgl. ebd., 30–37). Während Kurzprosa, Lyrik oder ›Einakter‹ für die Bühne meist mit kurzem Planungsvorlauf auskommen, benötigt ein Roman eine Architektur. Soll der Roman kollaborativ verfasst werden (vgl. Kap. 4.3), so muss nicht nur der Aufbau des Textes, sondern auch die Kommunikation vieler Autor*innen wohlüberlegt sein. Für beides kann es Muster geben – also einerseits Produktmuster, z. B. den Bauplan für einen Krimi, der teilweise auf dem Schulgelände spielen soll, und andererseits Prozessmuster für den Umgang mit einer Reihe noch nicht aufeinander abgestimmter Einzelentwürfe unterschiedlicher Autor*innen, z. B. in Form von Redaktionskonferenzen (vgl. Kap. 4.3, S. 118).

Wer glaubt, literarisches Arbeiten nach einem Produktmuster könne nicht kreativ sein, unterschätzt das Ausmaß an Kreativität, das in die Adaption eines Musters an die gesammelten Ideen (zur Figurenentwicklung, zu Schauplätzen der Handlung usw.) fließt.[13] Ein Beispiel aus dem Projekt *Die Ruhr fließt anders als der Bosporus* im Rahmen von »Ruhr.2010« (vgl. Baurmann & Schulz 2010) zeigt das eindrücklich: Einer der sechs Autor*innen, die jeweils mit einer Klasse zusammenarbeiteten, war Heinz G. Schmidt, der mit einem Kurs »Darstellen und Gestalten« der 9. Jahrgangsstufe ein Hörspiel konzipierte, schrieb und produzierte. Schnell war man sich einig über das Genre – ein »Beziehungsdrama« (vgl. ebd., 26). Dann wurden Ideen für Handlung und Figuren eingereicht. Schmidt notiert in seinem Arbeitsjournal, dass die meisten ersten Vorschläge »das alte Liebesdrama von Romeo und Julia« (ebd.) imitierten: Die Lernenden fanden auf der Suche nach einem passenden literarischen Muster unabhängig voneinander das vielleicht wirkmächtigste der europäischen Literaturgeschichte. Die weitere Arbeit war geprägt von der Übertragung dieses Musters in die Gegenwart, genauer in den Alltag von Jugendlichen im Ruhrgebiet (vgl. ebd., 26–34). Es könnte, so überlegte die Gruppe, beispielsweise um die Liebe eines deutschen Mädchens zu einem Jungen mit türkischem Hintergrund gehen – auch das erschien aber noch unbefriedigend. Man verabschiedete sich von diesem »Klischee« (vgl. ebd., 26) und erzählte dann lieber, wie zwei deutsche Mädchen einen (schwulen) Jungen aus Istanbul,

13 Ein vergleichender Blick auf Aneignungsprozesse in anderen Künsten würde zeigen, wie selbstverständlich die Nachahmung der ›Meister‹ Teil des Lernprozesses junger Maler-, oder Bildhauer*innen ist. Jedes Werk, das in der Akademie als Muster gelten soll, führt gleichsam Verfahren mit sich, deren Aneignung prozedurales Wissen schafft.

den sie bei einer Türkeireise kennengelernt haben, nach Deutschland einladen wollen und mit großen Schwierigkeiten konfrontiert werden. Eine Romeo-und-Julia-Geschichte ist das nun nicht mehr. Aber der Weg über dieses literarische Muster ist nicht als unnötiger Umweg zu betrachten. Weder das Genre noch das Muster waren für sich genommen Antworten auf die Fragen der Textgestaltung, und doch boten beide den Ideen der Schreibgruppe einen Rahmen, den sie erweitern und ausfüllen konnte.

Auch für Prozessmuster gilt, dass sie übernommen werden können, aber meist angepasst werden müssen. So sind für eine Redaktionskonferenz nicht einfach Rollen zu vergeben, die man aus der kulturellen Praxis kennt (z. B. Autor-, Lektor-, Herausgeber- oder Verlagsleiterrolle), woraufhin dann eine Konferenz gespielt werden könnte. Die Konferenz soll ja kein darstellendes *Spiel* werden, sondern im *Ernst* ein vor Redaktionsbeginn noch unbekanntes Ziel erreichen. Statt Rollen zu spielen, müssen die Beteiligten aushandeln, welche Figuren oder (später) Kapitelentwürfe mehr oder weniger unverändert in das Hörspiel oder den Roman übernommen werden können, welche umzuschreiben und welche völlig zu verwerfen sind. Das ist der Ernstfall eines gemeinsamen Produktionsprozesses. Sowohl in Bezug auf das angestrebte Produkt als auch den Prozess seiner Entstehung gibt es ein ›Handwerk‹, dessen Aneignung das eigentliche Ziel der literarischen Arbeit ist.

4.2 Entwurf, ›Feedback‹ und Überarbeitung

Entwerfen

Was ein Textentwurf ist, wird vielleicht am besten durch den Vergleich mit der Malerei verdeutlicht: Dort ist eine Skizze noch nicht das Bild, das aus ihr werden könnte, gibt aber diesem eine Struktur und deutet Entwicklungsrichtungen an. Maler*innen machen sicherlich nicht alle in der gleichen Intensität und Häufigkeit von Skizzen Gebrauch, und sie skizzieren nicht unbedingt das ganze komplexe Bild, das ihnen vorschwebt. Auch einzelne Figuren, Körperteile oder andere Details werden oft skizziert, weil die Art ihrer Ausführung noch unklar und auf diese Weise zu klären ist. Wie berühmte Skizzen der Kunstgeschichte zeigen, etwa solche von Leonardo da Vinci, ist Skizzieren weniger eine Zeichentechnik als eine Art des Nachdenkens und Planens mit dem Stift. »Skizzen lassen sich in allen Bereichen finden. In der Malerei sind Skizzen oft die Grundlage für ein Gemälde; in der Architektur dienen sie der Planung eines Bauwerks. Literarische Skizzen haben mit anderen Skizzen gemein, dass sie ebenfalls auf einer Idee basieren, die unausgeformt bleibt.« (Gross 2011, 44)

Zwar macht Monika Gross darauf aufmerksam, dass in verschiedenen Künsten, darunter der Literatur, die Skizze auch zu einer eigenständigen Form werden kann, die für sich selber besteht (vgl. ebd. ihr Unterrichtsmodell zu einer Skizze von Max Frisch). Aber der Prozesscharakter des skizzenhaften Entwurfs, der in Übergängen zum mehr oder weniger ›fertigen‹ Werk führt, sollte beim literarischen Schreiben betont werden, damit nicht bereits erste Versuche, ein Thema zu behandeln, für fertig gehalten und beiseitegelegt werden.

Der Textentwurf im Sinn einer Skizze ist also ein Versuch, die Möglichkeiten einer Kernidee auszuloten. Das Geschriebene mag später zum Textanfang werden, aber auch irgendwo anders oder überhaupt nicht Verwendung finden. Der Entwurf ist bereits Fließtext und besteht nicht aus Stichwortnotizen (diese ordne ich der Planungsphase zu und unterscheide sie vom Entwurf im Sinn einer Skizze). Bei größeren Schreibprojekten werden Planungsphasen mehrmals wiederkehren (vgl. die Ausführungen zum Klassenroman in Kap. 4.3). Aber auch, wenn kürzere Texte, etwa Gedichte, entstehen sollen, gibt es Planung und Entwurf, und hier vielleicht besonders fließende Übergänge zwischen diesen Phasen. José F. A. Oliver schlägt am Beginn eines Schreibprojektes zum Thema Heimat den Schüler*innen vor »Geschwister, Eltern und Großeltern nach deren Vorstellung von Heimat zu befragen und dies zu Hause zu notieren« (Oliver 2013, 238). Aus solchen Notizen entstehen erste Entwürfe – ›Notate‹ genannt –, die wiederum im Wechsel zwischen Vorlesen, Vergleichen und Diskutieren in mehreren Arbeitsschritten so verdichtet werden, dass Gedichte entstehen können. Nicht nur andere Menschen, sondern auch andere Texte können in diesem Prozess zu Anregern und Stichwortgebern werden: Aus einem Gedicht wie Hölderlins *Hälfte des Lebens* lässt Oliver »ein Wort oder einen Vers« auswählen; das individuell Gewählte wird dann zur Grundlage der Arbeit an einem eigenen Text. Das kann, muss aber nicht bedeuten, Hölderlins berühmtes Gedicht zum Schreibmuster zu machen, das in den Gedichten der Schüler später nachgeahmt wird oder

›anklingt‹. Vielmehr eröffnet dieser Zugang den Blick auf eine große Bandbreite möglicher Umgangsweisen mit dem gleichsam ausgeliehenen sprachlichen Material: »Es ist verblüffend, dass durch diese Aufgabe, sich für ein Wort oder eine Verszeile zu entscheiden, fast das ganze Gedicht zusammengetragen wird« (ebd., 253).

Auch bei Gross (2011) werden die Lernenden (ab Klassenstufe 10) nicht aufgefordert, den Skizzen von Max Frisch möglichst nahezukommen; sie sollen vielmehr mit der Form der Skizze experimentieren und dabei die auch von Frisch verwendeten erzählerische Mittel erproben:

> »Vergegenwärtigen Sie sich dazu eine innere Situation, die zu erforschen sich lohnt, beispielsweise eine Situation, in der Sie mit einem Gefühl der Angst konfrontiert waren, hin- und hergerissen waren zwischen gegensätzlichen Gefühlen, eine Niederlage verkraften mussten, einem Konflikt ausgewichen sind, einen Freund verloren haben, mit einer Entscheidung überfordert waren. Überlegen Sie sich für Ihre Figur eine äußere Situation, mit der Sie die innere Situation konturieren können.« (Ebd., 50)

Es kann dabei offenbleiben, ob die so entstehenden Texte Entwürfe darstellen, die weiter bearbeitet werden, oder ›fertige‹ Skizzen im Sinn Max Frischs.

Feedback geben und erhalten

In der internationalen Schreibpädagogik hat sich der Begriff ›Feedback‹ als Sammelbegriff für verschiedene Formen der Rückmeldung von Leseeindrücken an Verfasser*innen durchgesetzt. In der Einführung von Afra Sturm und Mirjam Weder (2016, 158–163) werden Möglichkeiten des Feedbacks unter der Überschrift »Lernförderlich beobachten und beurteilen« dargestellt. Es geht also nicht um Leistungsbeurteilung, sondern darum, Schreiber*innen wissen zu lassen, was sie anders und besser machen können. Dies kann in Form einer Rückmeldung durch die Lehrkraft erfolgen, und zwar entweder schriftlich oder in Form eines Einzelgesprächs. In mancher Hinsicht ist ›Lehrerfeedback‹ unersetzbar, denn von anderen Leser*innen kann weder erwartet werden, dass sie das Curriculum im Blick haben (was soll augenblicklich beim Schreiben dazugelernt werden?), noch, dass sie den individuellen Lernfortschritt von Feedbackadressat*innen abschätzen. Auch weist die Schreibdidaktik immer wieder darauf hin, dass die Qualität der Textüberarbeitung vor allem auch von der Kompetenz der Berater*innen und damit der Qualität der Schreibberatung abhängt (vgl. Jantzen 2010, 159). Urteile über Texte zu formulieren, ist grundsätzlich am ehesten ausgebildeten Lehrkräften zuzutrauen.

Die Perspektive Lehrender als urteilender Expert*innen ergänzt also – ersetzt allerdings nicht – die Rückmeldungen der anderen Lernenden: *Peer Feedback* ist die zweite Säule, auf der eine Feedback-Kultur ruht. Texte oder Textentwürfe sollen nicht nur für die Lehrkraft geschrieben werden, sondern noch weitere Leser haben, und zwar mindestens die Lerngruppe, die die Schreibaufgabe zu lösen hatte. Auch solche Feedbackgeber*innen können sich entweder schriftlich (z. B. im Rahmen einer »Wanderung« aller Textentwürfe durch die Klasse nach Grau & Seidler 2004) oder mündlich äußern, also in einem offenen Gespräch oder in einer moderierten Schreibkonferenz (vgl. Sturm & Weder 2016, 172 f.).

In dieser knappen Zusammenfassung sind Grundsätze einer feedbackbasierten Schreibkultur angedeutet, die nun auf *literarische* Schreibberatung zu beziehen sind. Es gibt Unterschiede zur Arbeit an pragmatischen Textsorten, aber auch Gemeinsamkeiten mit dieser. Für beide ist das Feedback der Peers wichtig, weil bei diesen von gleichen oder ähnlichen Erfahrungshorizonten auszugehen ist. Für beide gilt, dass Feedback sowohl prozess- als auch produktbezogen erfolgen sollte (vgl. Sturm, Lindauer & Sommer 2018, 84), und vermutlich ebenso, dass »formatives«, also in den Produktionsprozess integriertes Feedback (vgl. ebd., 80) lernwirksamer ist als »summatives«, also nach Abschluss der Textproduktion bilanzierendes Feedback. Rückmeldungen im Rahmen eines literarischen Werkstattgesprächs würden Afra Sturm, Nadja Lindauer und Tim Sommer, die empirische Studien zu Formen der Rückmeldung im Schreibunterricht verglichen haben, zweifellos »formativ« nennen; solches Feedback ist integraler Teil des gewählten Schreibarrangements (vgl. ebd., 83).

Zu den Gemeinsamkeiten gehört schließlich auch, dass es weder bei pragmatischen noch bei literarischen Textprodukten vorwiegend darum geht, ›Fehler‹ zu finden und deren ›Verbesserung‹ zu verlangen. Verstöße gegen die Sprachrichtigkeit können zwar vor allem in höheren Klassen oder bei

Studierenden im Feedback angemerkt werden (eher nicht mit dem Rotstift im ganzen Text, sondern summarisch, z. B. *Kommasetzung überprüfen*). In literarischen Entwürfen wird man allerdings bei Verstößen gegen die Sprachrichtigkeit immer die Möglichkeit absichtlicher Abweichung bedenken müssen, die besonders im Gedicht ästhetische Funktionen übernimmt. Auch sind in allen Gattungen und Genres Metaphorik und Symbolhaftigkeit eigens zu würdigen – Ausdrucksformen, die in pragmatischen Texten eine geringe oder gar keine Rolle spielen. Und *Logik* ist zwar überall eine wichtige Kategorie, aber die Handlungslogik eines narrativen oder szenischen Textes ist etwas anderes als die Argumentationslogik einer Erörterung. Außerdem wollen literarische Texte oft nicht Distanz zu ihrem Gegenstand herstellen, sondern Nähe erzeugen, so dass das Identifikationsangebot, das sie machen, recht häufig in Feedbackäußerungen vorkommt: Leser*innen würdigen etwa die vorstellungsunterstützende und Empathie herausfordernde Charakterisierung einer Figur oder die anschauliche Schilderung eines Schauplatzes, oder sie heben die appellative Kraft einer ungewöhnlichen Metapher hervor.

Konstruktive Textkritik setzt Urteilsfähigkeit (vgl. Kap. 3.3) voraus und beginnt nicht erst bei der abschließenden Bewertung (vgl. Kap. 4.4); bereits ein Werkstattgespräch schließt wertende Äußerungen ein, die auf Urteilsakten beruhen. Für die Adressaten von Rückmeldungen ist aber nun hervorzuheben, dass sie keineswegs verpflichtet sind, alle geäußerten Anregungen, Wünsche und Kritikpunkte umzusetzen. Abgesehen davon, dass Feedbackgeber*innen einander erfahrungsgemäß nicht selten widersprechen, liefe ein solches Verhalten Gefahr, eine zweite Textfassung hervorzubringen, in der ein Verfasser ›seine‹ Kernidee nicht wiedererkennt und das Interesse an der Weiterarbeit verliert; das wäre nicht lernförderlich. Man will ja in der Regel wissen, wie man seine eigenen Intentionen (besser) erreichen kann, nicht wie der Text aussehen würde, wenn jemand anderer ihn schriebe. Das wichtigste Erkenntnisziel in Bezug auf erhaltenes Feedback ist also, zwischen weiterführenden und nicht förderlichen Äußerungen zu unterscheiden. Keinesfalls sollte man nur in fremdem Auftrag ›Verbesserungsvorschläge‹ ausführen, für die man gleichsam innerlich die Verantwortung ablehnt. Eben um die Textverantwortung zu behalten, muss man selbst entscheiden, wie man auf Feedback reagiert. Auch die Ablehnung von Vorschlägen zur Umgestaltung oder Weiterarbeit ist ein Ergebnis, das die Feedbackrunde nicht sinnlos macht – im Gegenteil: Verfasser*innen sehen sich bestärkt in ihrem Schreibplan und machen die Erfahrung, dass sie ihn verteidigen können.

Aus der Perspektive der Lehrkräfte, die zu literarischem Schreiben anleiten, ist und bleibt Feedback eine Herausforderung. Wenn beispielsweise eine Werkstatt-Teilnehmerin im Literaturhaus wissen will, wie sie es im Schulalltag schaffen soll, die Entwürfe von 28 Schülern ihrer Projektklasse zu lesen und zu kommentieren, dann schlagen wir ihr Verfahren des *Peer Feedback* vor: nicht alle Textentwürfe selber lesen, sondern eine »Textwanderung« durch die Klasse veranstalten oder auf der schulischen Moodle-Plattform alle Texte hochladen lassen und verabreden, dass zunächst jede(r) Lernende zu zwei von ihnen Rückmeldung gibt, also auch selbst zwei Rückmeldungen bekommt.

Die Auswertung von LSiD-Erfahrungsberichten ergibt, dass die Mehrheit der Lehrkräfte ein positives Bild von gelingendem Feedback im Klassenzimmer zeichnet. Die Lernenden haben ein Bedürfnis, ihre Texte mitteilbar zu machen, wollen diese ohne Aufforderung vorlesen, hören aufmerksam zu und sind daran interessiert, ihre Entwürfe zu überarbeiten. Verbesserungen am Computer vorzunehmen, erleichtert das Überarbeiten und erhöht die Bereitschaft, sich auf die nochmalige Auseinandersetzung mit dem gleichen Text einzulassen (vgl. Krottenthaler Hrsg. 2013, 12). Die Rückmeldungen in den Gesprächen über Texte sind mehrheitlich konkret und konstruktiv (vgl. ebd., 137).

Ein Beispiel für lernförderliches Entwickeln von Kriterien der Textqualität entnehme ich dem bereits in der Einleitung zitierten Erfahrungsbericht von Daniela Muthesius, die 2017–19 an der Textwerkstatt *Erzählendes Schreiben* des LSiD in Stuttgart teilnahm:

> »Zuerst sprachen wir allgemein über Textqualität. Zwei bis drei Doppelstunden verwendete ich darauf, Kriterien für die Schreibkonferenzen und die Bewertung von Texten zu entwickeln. Ein Schüler erklärte sich bereit, seinen Text als Besprechungsbeispiel zur Verfügung zu stellen. Ich probierte mit den Schülern verschiedene Verfahren aus.« (Krottenthaler Hrsg. 2020, 23)

Genannt werden vier Verfahren für die Bewertung von Texten (vgl. ebd., 24):

- *Fragen an Texte stellen*: »Ich stelle so viele Fragen an deinen Text, weil ich ihn verteidigen möchte, als hätte ich ihn selbst geschrieben.« Dabei werden die Texte rundum gelesen. Jeder stellt eine Frage an den Text und schreibt sie darunter. Der Autor liest die Fragen und geht herum und beantwortet sie bzw. sucht mit dem Fragesteller nach einer Antwort. Die Antworten werden notiert und für die Überarbeitung genutzt.

- *Texttrainer*: Jeder liest alle Texte rundum und sucht sich einen Text, der ihm oder ihr durch eine besondere Stärke gefällt. Man ›bewirbt‹ sich bei dem Autor als Coach, diesen Text unter dem ausgelesenen Fokus weiter zu verbessern bzw. ihm zu helfen, die Stärke auszuarbeiten.
- *Das Prinzip Wiederholung*: Eigene Texte lesen und mit verschiedenen Farben die Wortwiederholungen unterstreichen. Dann zu zweit überlegen: Welche Wiederholung ist strukturbildend, nötig, Prinzip? Gemeinsam nach Wortvarianten suchen …
- *Textwanderung*: Jeder gibt seinen Text ein, zwei oder drei Plätze weiter, je nach Teilnehmerzahl (bei großen Gruppen können mehr Plätze übersprungen werden). Dann erfolgt eine Lektüre mit Auftrag: Unterstreiche mit drei Farben: a) Was hat mich überrascht? b) Worüber hätte ich gerne mehr erfahren? c) Welches Wort finde ich, um die Sprache dieses Textes zu charakterisieren (nicht einfach nur: gut/schlecht/super/schön)?

Überarbeiten und weiterschreiben

Nur bei Noviz*innen des Schreibens ist Überarbeiten (in der Schreibforschung auch *Textrevision* genannt) ein von der Phase des Formulierens gut abgrenzbarer eigener Vorgang, der in der Regel einer entsprechenden Anweisung folgt, die klare Vorgaben in Bezug auf das zu Verbessernde machen sollte.

Je älter und erfahrener Lernende sind, desto mehr greifen Formulieren und Überarbeiten ineinander: Beim Weiterschreiben bemerkt man ein Versäumnis oder einen logischen Fehler im schon geschriebenen Text, springt dorthin zurück und ändert entsprechend. Man streicht einen Absatz, der angesichts dessen, was danach inzwischen steht, nicht mehr passt. Oder man blättert zurück, um sich eines Details zu versichern, entdeckt dabei Flüchtigkeitsfehler und bessert sie aus. Bedenkt man solche Beobachtungen an sich selbst oder anderen Schreiber*innen, so wird man nicht erwarten, dass Phasen der Überarbeitung immer deutlich als solche erkennbar sind. Man kann sie aber durch Moderation des Arbeitsprozesses als ›Stationen‹ definieren: Zwischen das erste Formulieren eines Entwurfs und die Phase des Weiterschreibens legt man eine Feedbackphase (vgl. Kap. 4.2, S. 107).

Oder ein Ortswechsel trennt, wie im folgenden Beispiel, bei dem José Oliver mit einer Schweizer Klasse an Gedichten arbeitete, die Phasen des Schreibprozesses: Während eines dreistündigen ›Ausflugs‹ in die Stadt (Bern) hatten die Schüler Texte geschrieben, die zunächst im Klassenzimmer vorgetragen und von anderen kommentiert wurden. Darauf folgte, wie Oliver erklärt, »die Aufgabe, eine halbe Stunde lang, ihre Texte jeweils handschriftlich – die Bemerkungen ihrer Klassenkameraden und meine Empfehlungen im Ohr – unter vier nachvollziehbaren Aspekten sprachlich und inhaltlich zu überarbeiten« (Oliver 2013, 102). Diese Phase wird so erläutert:

»Dabei waren Radiergummi und Tintenkiller nicht erlaubt. Die Wörter, Sätze und Textpassagen, die sie zu verändern gedachten, sollten auch im Nachhinein noch identifizierbar sein. Auch für die Gespräche über die Texte ist diese Transparenz vonnöten. Die Gesichtspunkte, unter denen die Schüler weiterschrieben, betrafen das Wort in all seinen Anschauungsvarianten (Substantive, Verben, Adjektive, Füll- oder sonstige Wörter), den sprachlichen Ausdruck als sprachliche Einheit von beliebiger Länge: Wörter, Wortfolgen, Sätze, Satzfolgen, den Stil als ›persönliche Note‹ und die Form, die ihm entsprechen könnte. Schließlich sollte ein Titel für die poetische Verdichtung gewählt werden.«

Das Beispiel zeigt, dass Überarbeitungsphasen nicht nur als solche markiert werden können, sondern am besten auch so ausgelegt sind, dass der revidierte Text nicht verschwindet, sondern korrigierend gekennzeichnet wird, aber sichtbar bleibt – am Bildschirm durch den entsprechenden Modus des Textverarbeitungsprogramms, auf dem Papier durch geeignete Vorkehrungen (z. B. zweizeiliges Schreiben, das interlineare Einfügungen erlaubt).

Überarbeitet werden kann und soll ein Text auf allen sprachlichen Ebenen – in Orthografie und Zeichensetzung, Grammatik und Stil. Darüber hinaus sind bei literarischen mehr als bei sonstigen Texten Form und Layout zu bedenken. Bei der Lyrik ist auch der Zeilenumbruch bewusst zu gestalten; ›das Weiße außen herum‹ gehört zur Gestalt. In längeren Erzähltexten ist eine Abschnitts- oder Kapitelstruktur wichtig, wobei die Kapitelgrenzen eventuell den Wechsel der Erzählperspektive, des Schauplatzes und/oder

der Zeit markieren. Bei längeren Texten jeder Art braucht es in der Regel erst eine vollständige erste Fassung, um zu erkennen, dass bestimmte Motive oder Metaphern wiederholt vorkommen und in einem Zusammenhang zueinander stehen, der ihre übergreifende Bedeutung verrät und geklärt werden muss. An solchen Motiven wird man vielleicht gezielt, unter Einbezug der jeweiligen Textumgebung, weiterarbeiten wollen.

Überarbeitungsprozesse können und sollten unterstützt werden; Checklisten sind dafür nützlich – aber nur, wenn sie gattungs-/genrespezifisch angelegt sind. Als Beispiel sei hier ein Arbeitsblatt wiedergegeben, das die Tübinger Lehrerin Friederike de Pay, Teilnehmerin der LSiD-Werkstatt *Szenisches Schreiben*, für ihren Oberstufenkurs »Literatur und Theater« entwickelt hat. Für jüngere Lernende wird man solche Checklisten zwar kürzer halten; aber unabhängig von der Klassenstufe ist es wichtig – und hier vorbildlich realisiert –, literatur-/medienbezogene Überarbeitungsvorschläge tatsächlich prozedural zu denken (etwa mit konkreten Aufforderungen wie: »Bringt eure Figuren in Not«!):

Hinweise zur Überarbeitung von Szenen

Figuren:
Motive der Figuren. Was wollen die Figuren, die in der Szene vorkommen? Welche Ziele verfolgen sie? Wie können sie diese erreichen? Wie erreicht die Szene, dass jede Figur ein deutlich erkennbares und von den Motiven der anderen Figuren möglichst abgegrenztes Motiv hat?

Kongruenz der Figuren. Überprüft die Aussagen der Figuren auf Glaubwürdigkeit. Kennen sich die Figuren in ihrem Leben aus? Gibt es Aussagen/Handlungen, die zu überfrachtet wirken, oder wirken die Figuren und ihre Sprache authentisch?

Dramaturgie:
Inszeniert die Szene so, dass der Druck auf die Protagonisten steigt!
Handlung. Handlungen sollten möglichst auf der Szene stattfinden: Welche Handlungen der Szene finden im Moment außerhalb statt (in der Vergangenheit, in den Erzählungen der Figuren etc.) und könnten stattdessen auch während der Szene stattfinden?
Not. Bringt eure Figuren an Entscheidungspunkten in die größtmögliche Not. Welche Entwicklungen während der Szene können den Druck verstärken?
Wille. Nutzt den Willen der Figuren, ihre Motive durchzusetzen. Überprüft, ob Figuren zu leicht aufgeben, ob sie sich zu leicht unterbrechen lassen, ob sie zu schnell bereit sind, Kompromisse zu schließen. An welchen Stellen könnten die Figuren ihren Willen deutlicher zeigen? Wo könnten sie den Ort und die Zeit der Handlung noch mehr nutzen?
Konflikt. Versucht den Hauptkonflikt der Szene durchzuhalten (These/Antithese) und immer wieder auf ihn zurückzukehren. Nehmt Verzögerungen (Aufladungen) vor, damit die Szene vor der Auflösung noch mehr Kraft und Dynamik entwickelt.

Sprache:
Begriffe. Nutzt den Sprachraum der Szene: Verwendet (Fach-)Begriffe, die durch die Zeit und den Ort sowie das Fachwissen der Figuren nahegelegt werden: An welchen Stellen könnte die Szene den Sprachraum noch mehr nutzen?
Sprachfluss. Gibt es Stellen, die zu sehr nach Schriftsprache klingen? Lest den Figurentext laut vor und ändert ihn gegebenenfalls.
Details. Arbeitet in den Aussagen der Figuren mit möglichst viel Details.

(Krottenthaler Hrsg. 2020, 106)

Wie oft Phasen des Entwerfens, Formulierens und Überarbeitens einander abwechseln, kann man als Autor*in kaum selbst vorher wissen. Erst recht lässt sich keine allgemeine Regel für literarisches Schreiben angeben. Nicht nur sind Autor*innen in dieser Hinsicht sehr verschieden, sondern auch die jeweilige Herausforderung, die ein Schreibplan bietet, ist immer wieder anders. Manches gelingt schnell, anderes wird viele Male überarbeitet (oder ganz neu formuliert) und trotzdem nie fertig. Und wann ist etwas fertig? Oliver (2013, 49) zitiert Gottfried Benn, der von sich gesagt habe, mehr als sechs Gedichte hätte er insgesamt nicht fertiggebracht. Franziska Sperr, die im Rahmen des Kulturprogramms »Ruhr.2010« mit einer 7. Klasse (Realschule) eine Erzählung erarbeitete, notiert in ihrem Arbeitsjournal, sie habe in der ersten Stunde den Schüler*innen erzählt, »dass ich, bevor ich selbst Schriftstellerin wurde, unterschätzt habe, wie viel Geduld es braucht, bis ein

Text in seine endgültige Form gebracht ist, wie viel Kraft es braucht, sich ständig selbst zu motivieren, weil einen ja keiner zwingt« (Baurmann & Schulz 2010, 68).

4.3 Kollaboratives Arbeiten

Kollaboratives Arbeiten in der angelsächsischen Schreibpädagogik

Kollaboration beim Schreiben verdient diese Bezeichnung nur, wenn die Zusammenarbeit über den Austausch im Rahmen eines *Peer* oder *Teacher Feedback* (vgl. Kap. 4.2) hinausgeht: Angezielt sein sollte ein wirklich gemeinsam entstehender und überarbeiteter Text. Die US-Amerikanerinnen Lisa Ede und Andrea Lunsford begründeten schon früh eine Theorie und Didaktik des kollaborativen Schreibens, indem sie die seinerzeit herrschende Schreibpädagogik herausforderten: Deren Exponent Peter Elbow, ein Pionier des *free writing*, habe über viele Jahre so eindrucksvoll für kollaborative Formen der Textdiskussion und Überarbeitung plädiert, dass der Terminus ›Elbow grouping‹ landläufig sei. Gleichzeitig aber habe er an einer Idee individueller Kreativität und singulärer Autorschaft festgehalten, die die grundsätzlich soziale Natur des Lesens und Schreibens leugne (vgl. Ede & Lunsford 1990, 113 f.). Während dieser Gedanke, wie die Autorinnen materialreich zeigen, in der Theorie durchaus Anhänger gewinnt und Autorenkollektive in der aktuellen Romanproduktion nicht mehr selten sind, bleibt ihrer Kritik zufolge die schreibdidaktische Praxis weitgehend auf den einzelnen Schreiber fixiert. Dessen

Text gilt oft kontrafaktisch als seine alleinige Hervorbringung und wird gegebenenfalls auch als solche bewertet.

»Gemeinsam schreiben« (Lehnen 2014) findet inzwischen zunehmend Aufmerksamkeit in der Fachliteratur.[14] Auf die spezifische Problemlage des Umgangs mit literarischen Texten wird dabei jedoch selten eingegangen. Eine Ausnahme ist Michael Becker-Mrotzek, unter dessen Regie Grundschulkinder und Lehramtsstudierende gemeinsam an einer Fortsetzungsgeschichte gearbeitet haben. Die Viertklässer*innen erhielten und verarbeiteten in diesem Prozess laufend Rückmeldungen von dafür im Seminar vorbereiteten Studierenden (vgl. Becker-Mrotzek 2012, 148 f.).

Noch früher praktizierte Klaus Wessels das gemeinsame Schreiben, wobei sich sein Konzept am britischen Schreibunterricht orientierte (vgl. Wessels 1999, 205), konkret an einem Langzeit-Schreibprojekt, in dem Lernende (mehr) Schreibkompetenz erwarben, indem sie Texte zu selbstgewählten Themen verfassten. »Die Schüler schreiben nicht reflektierend über ein Thema (wie im Aufsatz), sondern sie stellen ihre Sache direkt dar. Dabei verhalten sie sich wie Schriftsteller« (ebd.), indem sie ihr Thema für subjektiv bedeutsam halten und es mit den ihnen zur Verfügung stehenden Mitteln bearbeiten (vgl. ebd., 207). Alle Lernenden arbeiteten an Texten, teilweise an literarischen. Etwa alle

14 Die deutschsprachige Literatur verwendet dafür den Begriff ›kooperatives Schreiben‹. Das mag daran liegen, dass im Deutschen *Kollaborateur* ein seit dem Zweiten Weltkrieg belasteter Begriff ist; seinerzeit bezeichnete er Menschen, die in den von Nazi-Deutschland besetzten Ländern mit der Besatzungsmacht zusammenarbeiteten.

drei Wochen wurde ein Text als *work in progress* besprochen. Die Auswahl dafür ergiebiger Entwürfe traf die Lehrkraft, die sie konsequent einforderte (vgl. ebd., 209). Erörtert wurden die Texte anonym. Am Ende des Projekts wurde eine Textauswahl veröffentlicht.

Best-practice-Beispiele aus der schulischen und kulturellen Bildung

Bereits erwähnt wurde der ›Klassenroman‹, der – sichtet man die im Internet dokumentierten schulischen Schreibprojekte – inzwischen ein eigenes Genre genannt werden kann. Einerseits entsteht er im Klassenverband, andererseits spielt eine Schulklasse darin nicht selten eine tragende Rolle. Ein Beispiel aus der Schweiz (Bürki & Stucki-Volz 2010), das durch gute Dokumentation und Verknüpfung mit dem schreibdidaktischen Diskurs positiv auffällt, steht hier für viele. Es zeigt, dass kollaboratives Schreiben »mehr als das Herstellen eines gemeinsamen Textes« (ebd., 89) ist. Dem eigentlichen Schreibprojekt voraus ging eine Schreibwerkstatt im Unterricht, die die Lernenden (10. Jahrgangsstufe, Gymnasium) in verschiedene Formen und Verfahren erzählenden Schreibens einführte (vgl. ebd., 92). Der Klassenroman selbst entstand dann in einer Projektwoche im Schullandheim; der Ort des Aufenthalts diente auch als Schauplatz der Handlung. Die Klasse entwickelte zunächst eine Kernidee und skizzierte grob einen Handlungsstrang, der dann in einzelne Abschnitte (die künftigen Kapitel) unterteilt wurde. Den folgenden Produktionsprozess beschreiben die Autorinnen nach einem zirkulären

Phasenmodell, in dem die folgenden Schritte mehrfach durchlaufen werden können (vgl. ebd., 90):

- Arbeit an narrativen Elementen (z. B. einzelnen Figuren) und Teiltexten in Gruppen;
- Zusammenfügen der so entstehenden »Zwischentexte« zu einem Gesamttext;
- Besprechung des Produkts in der Klasse;
- erneute Aufteilung in Gruppen zur Erledigung beschlossener neuer Schreibaufträge.

Systematisiert dargestellt, handelt es sich um sieben Aktivitäten, die teils in Gruppen, teils im Plenum anfallen.

Nr.	Aktivität	Beschreibung
1	Ideensammlung (»Brainstorming«)	Entwickeln von Ideen bzw. Weiterentwickeln der Ideen für das entsprechende Kapitel, die sich von der in der Klasse ausgehandelten Hauptidee ableiten.
2	Bündeln der Ideen (»Converging on Brainstorming«)	Klassen- bzw. Gruppenentscheid, was mit den im »Brainstorming« entwickelten Ideen geschehen soll bzw. welche aufgegriffen werden und welche nicht.
3	Planen (»Outlining«)	Die Hauptrichtung des Teiltextes wird festgelegt. Laufend werden Rücksprachen mit den anderen Gruppen vorgenommen bzw. Feinabstimmungen mit dem Inventar und dem Haupttext, sofern bereits vorhanden

4	Formulieren (»Drafting«)	Gemeinsames Niederschreiben des ersten Entwurfs durch gemeinsames Formulieren, wobei idealerweise abwechselnd ein Gruppenmitglied das Eintippen übernimmt.
5	Gegenlesen (»Reviewing«)	Mindestens ein Gruppenmitglied überprüft den Entwurf oder Abschnitte davon auf Inhalt, Grammatik und Stil.
6	Überarbeiten (»Revising«)	Gemäß den Vorschlägen des »Reviewing« wird der Entwurf gemeinsam überarbeitet.
7	Endredaktion (»Copyediting«)	Weitere Änderungen in Bezug auf Kohäsion und Kohärenz (Textlogik) werden vorgenommen.

Tab. 3: Aus: Gisela Bürki und Germaine Stucki-Volz, *»Zu zweit allein« – kooperatives Schreiben am Beispiel eines Klassenromans*, in: Der Deutschunterricht (2010) 62, H. 6, S. 91.

Das dabei zu erwerbende prozedurale Wissen umfasst (neben allgemeinem Wissen um die Bedingungen der Organisierbarkeit kollaborativen Arbeitens überhaupt) schreib- und literaturbezogen die folgenden Verfahren:

- Durchführung und Moderation eines offenen Gesprächs zur Ideenentwicklung (Aktivitäten 1, 2);
- Organisation der Kommunikation zwischen parallel arbeitenden Gruppen, die einzelne Textelemente (z. B. verschiedene Figuren, Episoden, Kapitel) übernommen haben (3);

- Formulieren eines gemeinsamen Entwurfs in der Kleingruppe: Abwechslung zwischen Schreiben/Diktieren eines Formulierungsvorschlags und Vorlesen/Anhören/Korrigieren von bereits Formuliertem (4);
- Gegenlesen des Entwurfs durch ein Gruppenmitglied (Arbeitsgruppe) oder ein Team (Klassenplenum), das Korrekturbedürftiges markiert und Verbesserungsvorschläge für die Textrevision formuliert (5, 6);
- Redigieren des fertigen Gesamttextes: Überprüfen der Handlungslogik, Beseitigung von Widersprüchen, aber auch Vereinheitlichen des Schreibstils (7).

Die Autorinnen weisen zwar darauf hin, dass ein derartiges Projekt auch »auf Schreibverfahren und Schreibsituationen im beruflichen Leben« (ebd., 89) vorbereiten kann. Im Rahmen der vorliegenden Darstellung kommt es jedoch mehr auf die eingesetzten literarischen Verfahren an, die als angeeignetes Prozedurenwissen betrachtet werden können und dafür sorgen, dass im weiteren Entstehungsprozess alle Arbeitsgruppen auf abgestimmte Information zurückgreifen können:

- Erfindung, Charakterisierung in Stichpunkten und schildernde Beschreibung einer Figur, einschließlich ihrer Kommunikations- und Sprechgewohnheiten sowie einer knappen Biografie;
- Klärung der Figurenkonstellation, am besten in einer Grafik, die Beziehungen und Nähe/Distanz veranschaulicht (auch bei den Nebenfiguren);
- Erfindung oder Beschreibung von Schauplätzen der Handlung und Festhalten wichtiger Merkmale, sowohl

verbal als auch durch Skizzen (möglichst detailliert, denn man kann nicht wissen, auf welche Merkmale die Arbeitsgruppen später zurückgreifen wollen; Räume eines Gebäudes, Straßen eines Dorfes, Eigenschaften der es umgebenden Natur);

- Festlegung der Chronologie der Handlung mit Hilfe einer Zeitleiste (auch dann, wenn die Erzählung achronologisch geplant ist);
- sprachlicher Abgleich verschiedener Teiltexte miteinander bezüglich stilrelevanter Kategorien;
- Routine der Textredaktion: Lernen von Korrekturzeichen für Ersetzen, Streichen, Einfügen, Leerzeilen; Überprüfung durch mindestens zwei Korrekturleser*innen.

So kann literaturbezogenes Wissen zu Konzepten wie *Figur, (Rahmen-)Handlung, Schauplatz* handlungs- und produktionsorientiert erworben werden. Hinzu kommt die Notwendigkeit der (mehrfachen) sprachlichen Überprüfung der Textoberfläche, die prozedurales Sprach- und Schriftwissen erfordert.

Schreibprojekte, die auf die Entwicklung längerer Erzähltexte abzielen, können den schulischen Rahmen auch erweitern oder verlassen. Auch hierfür muss ein exemplarisches Beispiel genügen. Im bereits mehrfach erwähnten »Kulturprogramm Ruhr 2010« verortet war das Projekt »Autoren schreiben gemeinsam mit Schülern« (vgl. Baurmann & Schulz 2010): Die Themaentwicklung erfolgte in der Gesamtgruppe, die Umsetzung in einem arbeitsteiligen Verfahren, in dem sich sowohl Schriftsteller- mit Schüler*innen austauschten als auch diese sich untereinander (vgl. ebd., 7). Während sich die Expert*innen der Literatur der Novizen annahmen, fanden sich diese zu einem Autorenteam zusammen, das am Ende einen literarischen Text (Erzählung, Collage, Hörspiel) vorlegte. Die Expert*innen führten über den Prozess jeweils ein Arbeitsjournal. Da auch diese Dokumente – neben den entstandenen literarischen Texten – publiziert sind, erlauben sie Rückschlüsse auf die Prozesse kollaborativen Arbeitens. So beschreibt Michael Zeller, der mit einer 10. Realschulklasse eine Collage (»Schüler aus Duisburg erzählen von sich«; ebd., 169–208) produzierte, seine eigene Rolle so: »Mein Beitrag, zu Hause am Schreibtisch, waren Auswahl, Arrangieren und sprachliches Glätten. Es lässt sich am ehesten mit der Technik des Filmschnitts vergleichen.« (Ebd., 210) In vorsichtiger Verallgemeinerung könnte man sagen, dass Lehrkräfte und Projektleiter*innen in der Rolle der Moderation nicht aufgehen, sondern auch in Schreib- und Überarbeitungsprozesse selbst eingreifen.

Auch im Rahmen der unter der Bezeichnung LSiD schon wiederholt beispielgebenden Literaturhausangebote zum Literarischen Schreiben spielt kollaboratives Arbeiten eine Rolle, und zwar auf zwei Ebenen: Zunächst (im ersten Weiterbildungsjahr) in den Werkstätten, wo Deutschlehrkräfte aus allen Schularten der Sekundarstufen zusammenarbeiten, und dann (im zweiten Jahr) in den jeweiligen Projektklassen, insofern dort gemeinsames Schreiben angeregt und angeleitet wird. Ein Teilnehmer aus der Werkstatt *Szenisches Schreiben* sagt dazu im Interview:

> »Das Interesse am eigenen Text und auch am Text der anderen – das finde ich enorm, das habe ich so noch nie erlebt, dass am Schluss ein gemeinsames Stück steht,

was hoffentlich aufgeführt wird. Das hat eine wahnsinnige Bedeutung für sie, den anderen Ratschläge zu geben; ich habe noch nie erlebt, dass Schüler über so eine lange Zeitspanne – das sind da ganze Doppelstunden, wo man wirklich im Kreis sitzt und immer wieder reflektiert, was ich eigentlich wahnsinnig anstrengend finde, wo die auf einer Meta-Ebene reflexiv unterwegs sind und dass die an der Stelle so mitgehen und so ein Interesse daran haben, auch die Szenen der anderen zu verbessern und das Ergebnis zu steigern und mit einer großen Ernsthaftigkeit dabei sind, einer Konzentrationsfähigkeit – das finde ich ganz enorm.« (Abraham & Brendel-Perpina 2015, 157)

4.4 Bewertung

Wertende Äußerungen im Rahmen von Werkstattgesprächen

Wie in Kap. 4.2 bereits angedeutet, können und sollen Werkstattgespräche, die sich mit Textentwürfen auseinandersetzen, über pauschale Gefallens- oder Missfallensbekundungen hinausgehen und Stärken und Schwächen eines Textes (nicht seines Autors!) deutlich benennen – anders gesagt: Sie werten. Wertende Äußerungen sollten allerdings begründet sein in dem Sinn, dass der jeweils angelegte Maßstab benannt und die geäußerte Kritik intersubjektiv nachvollziehbar wird (z. B. »Das kann die Erzählerin an dieser Stelle noch gar nicht wissen, du schreibst aber aus ihrer Perspektive!«). Im Übrigen gilt auch hier, was für jede förderliche Bewertung zu gelten hat: Auch das Gelungene ist zu würdigen.

Exemplarisch für diese Haltung reflektierten Urteilens mag hier eine Interviewäußerung aus der LSiD-Begleitforschung stehen:

> »Aber ich erkenne, denke ich mal schon, die Qualität von einem Text dann auch, wenn der mich nicht so anspricht. Wichtig sind für mich sprachliche Bilder, die Assoziationen wecken, die aber keine Platitüden sind. Also in der Nachvollziehbarkeit und manchmal auch solche kleinen Überraschungen. Also mir fällt jetzt nichts ein, aber einfach bestimmte Metaphern oder Vergleiche, die man nicht unbedingt erwartet. Wenn da jemand einfach Originalität zeigt. Und das ist für mich ein Kriterium und auch ein Durchhalten von einem Stil. Zum Beispiel, wenn man jetzt einen sehr trockenen, nüchternen Stil hat und der wirklich komplett durchgehalten wird und nicht schwankt zwischendurch, ist das auch ein Merkmal.« (Abraham & Brendel-Perpina 2015, 161)

Kriterien und Verfahren zur Einschätzung von Textqualität

Ohne einen Begriff von Textqualität und ohne Verständigung über deren Einschätzung ist eine kontinuierliche literarische Arbeit nicht möglich. Die schwierige Frage, was ein ›guter Text‹ ist, begleitet allerdings die Lehre des Schreibens schon lange. Ein früher Zusammenhang zwischen dem ›Handwerk‹ des Schreibens und dem Blick auf Urteilskriterien ergibt sich aus der Tradition der Rhetorik: Im antiken Rhetorikunterricht lieferten mustergültige Texte als *exempla* die Modelle für die eigene Textproduktion. In dieser Tradition steht das Schreiben literarischer Texte nach Mustern, die implizit entsprechende Beurteilungskriterien zu Gattung, Form und Stil bereitstellen. Bergers »Schreiben nach literarischen Vorlagen« zeigt an Genremustern wie Märchen (Berger 1995, 12 ff.), Münchhausen- (ebd., 53 ff.) oder Science-Fiction-Geschichten (ebd., 94 ff.), welche Erwartungsnormen sich aus den Merkmalen der genannten Textsorten ergeben.

Eine weitere Quelle für Urteilskriterien liefern Poetiken mit ihren Aussagen über Wert, Wirkung und poetische Ausdrucksmittel von Dichtung. Zu denken ist hier nicht an die normativen Regelpoetiken von Opitz oder Gottsched (vgl. Kap. 4.1, S. 96), wohl aber an eine offene Poetik, wie sie den Literaturbegriff der Postmoderne teilweise bestimmt (vgl. Abraham & Brendel-Perpina 2015, 59): Unter der Fragestellung »Was ist gute Literatur?« sondiert etwa Norbert Kellner (1999) poetologische Ansätze unterschiedlicher Epochen und Autoren und entwickelt daraus eine auf schulisches Schreiben abzielende eigene Poetik. Sein Kriterienmodell differenziert »narrative Literatur«, die z. B. aus der Spannung zwischen Stoffübernahme und eigener Gestaltung und nach der Glaubwürdigkeit ihres Fiktionsmodells zu bewerten ist, von »atmosphärischer Literatur« (Lyrik), die nach dem Spannungsverhältnis zwischen Konkretion und Abstraktion, Intensität und Stereotypie sowie nach ihrem möglichen Bedeutungsüberschuss befragt werden könne (vgl. ebd., 98–108).

Selten sind empirische Studien zur Textqualität schulischen Schreibens. Eine prominente Ausnahme ist das Zürcher »Sprachfähigkeiten-Projekt«, das Textqualität allerdings nicht literaturspezifisch erforscht hat, sondern allgemein in Bezug auf in der Sekundarstufe II produzierte Texte: Von 1988 bis 1992 wurden in diesem Projekt 200 Texte von Schweizer Abiturient*innen untersucht, um Rückschlüsse auf Sprachfähigkeiten der Schreibenden zu ziehen. Das Ergebnis ist das *Zürcher Textanalyseraster*. Unterschieden werden darin fünf Dimensionen der Textqualität: *Grundgrößen des Textes* (Länge, Bauform, Art der Sprache und Komplexität des Themas), Grad der *Korrektheit*, funktionale *Angemessenheit* in Bezug auf Verständlichkeit und Kohärenz der Einzelteile, *ästhetische Qualitäten* und *inhaltliche Relevanz* (vgl. Nussbaumer & Sieber 1995, 38). Für das Raster wurden die Dimensionen in drei Fragengruppen gefasst (vgl. ebd., 39):

- Grundgrößen, welche die allgemeinen Charakteristika von Texten erfassen;
- Sprachsystematische und orthografische Richtigkeit;
- Angemessenheit im Hinblick auf sprachlich vermittelte Wirkungen.

Die weitere Ausdifferenzierung des Rasters zum Zweck wissenschaftlicher Textanalyse stellt zwar kein brauchbares Instrument für den Schreibunterricht dar. Die Systematik des Rasters kann aber (in vereinfachter Form) eine Hilfe für die beurteilende Lehrkraft sein und damit auch Ausgangspunkt und Hilfestellung für die gemeinsame Reflexion und Entwicklung von Kriterien durch schreibende und beurteilende Lernende.

Ein ›praxistaugliches‹ Beurteilungsinstrumentarium findet sich bei Liebnau (1995, 132 f.), in dessen Gesichtspunkten zur Bewertung Aufgabenstellungen mit »verbindlichen« inhaltlichen und/oder formalen Anforderungen von »offenen Aufgabenstellungen« unterschieden werden, »bei der die Schüler selbst entscheiden [...], worüber und wie sie schreiben«. Während die Bewertung der Texte zu den offenen Aufgabenstellungen stärker von subjektiven Leserurteilen abhängig ist, ihre Bewertung durch Beurteilungskriterien aber ebenfalls begründbar erscheint, schlägt Liebnau für die Bewertung der Texte mit verbindlichen Vorgaben ein Raster mit drei Fragen vor (vgl. ebd., 133):

- Sind gestellte Forderungen erfüllt? (Aufgreifen inhaltlicher Bausteine, Erfüllung der Textsorte, Erfassen der richtigen Perspektive, Erfüllung des Bauprinzips ›Wiederholung und Kontrast‹);
- Wie wird der vorgesehene Rahmen genutzt? (Reproduktion oder Ideenreichtum und Originalität);
- Gibt es qualitätsmindernde Faktoren? (Denkfehler bzw. Widersprüche, ungewollte sprachliche oder stilistische Normabweichung).

In Anlehnung an diesen Vorschlag haben wir für die Textbewertung in den (seinerzeit) vier gattungsbezogenen Werkstätten der Weiterbildung LSiD Beurteilungsraster entwickelt und mit Hilfe dafür ausgebildeter studentischer Rater*innen an Textproben aus den Werkstätten getestet. Als Grunddimensionen, die für die Wahrnehmung und Bewertung aller Texte ungeachtet ihrer Werkstattzugehörigkeit gelten, wurden *Erfüllung eines Schreibmusters*, *Be-*

arbeitung des Themas (inhaltliches Wagnis), *Stil* (sprachliches Wagnis) und *qualitätsmindernde Faktoren* angesetzt. In der weiteren Ausdifferenzierung dieser allgemeingültigen Grunddimensionen wird deutlich, dass für unterschiedliche Gattungen unterschiedliche Dimensionen der Textqualität besonders relevant sind. Den Begriff des Wagnisses entlehnten wir dem erwähnten Zürcher Textanalyseraster. Das Kriterium *sprachlich-formales Wagnis* als Wert der »sprachlich-formale[n] Attraktivität« ermöglicht eine holistische und wirkungsorientierte Sicht auf Texte: Nicht ›Objektivität‹ der Bewertung ist zu fordern, sondern beständige Überprüfung solcher Kriterien an produzierten Texten in der Lerngruppe (vgl. Abraham & Brendel-Perpina 2015, 60).

Allerdings stellten sich die Wertungen von Textproben aus den Werkstätten als zwischen den studentischen ›Rater*innen‹ recht unterschiedlich konsensfähig heraus – die größte Einigkeit gab es bei Texten aus dem journalistischen, die geringste bei solchen aus dem lyrischen Schreiben. Das ist angesichts der jeweiligen Gattungsspezifik nicht überraschend (vgl. Kap. 2.4 bzw. 2.6) und als Mahnung zu interpretieren, mit wertenden Einschätzungen generell vorsichtig zu sein. Deshalb sei daran erinnert, dass bereits an zwei Stellen (Kap. 2.1 und 3.2, S. 78) gestaltbezogene Kategorien vorgestellt worden sind, die als *Beschreibungskategorien* taugen: Es gibt einerseits gattungsspezifische Verfahren, die das Arbeiten in einzelnen Genres und Medien näher charakterisieren. Und es gibt andererseits in Texten jeder Art *Grade* der Ausführlichkeit, der Einheitlichkeit, der Schriftsprachlichkeit und der Ausdrucksstärke. Wertungen sind daran zwar jeweils anschließbar, aber eben abhängig von

Gattung, Genre und Medium: *Ausführlich* wird die Schilderung einer Schlüsselszene im Roman wohl sein dürfen; sie wird auch weitgehend *schriftsprachlich* sein sowie *einheitlich* im Sinn stilistischer Homogenität. Nur teilweise gilt das für einen szenischen Text, der auf der Bühne funktionieren soll, und nichts von alledem dürfte für einen Slamtext zutreffen, der sich ganz anderen Rezeptionserwartungen gegenübersieht und vor allem *Ausdrucksstärke* braucht.

Die kontroverse Frage der Benotbarkeit und Benotung literarischen Schreibens

Der schreib- und literaturdidaktische Diskurs zur Benotbarkeit sogenannter kreativer Leistungen (dokumentiert in Abraham 2019, 97–102) zeigt, dass sich die Deutschdidaktik seit Längerem mit den Möglichkeiten und Grenzen solcher Leistungsbewertung auseinandersetzt. Gespräche mit Lehrkräften im Rahmen von Unterrichtspraktika und (konventioneller) Lehrerfortbildung lassen allerdings noch immer vorwiegend Skepsis erkennen: Kreativität könne man nicht bewerten und solle man nicht benoten. Auch in der Langzeitweiterbildung LSiD, die eine Umsetzung literarischen Schreibens in der Schule von einer einjährigen eigenen Schreiberfahrung der Teilnehmer*innen abhängig macht und Textkritik in Werkstattgesprächen als Kernelement betrachtet (vgl. Kap. 3), ist diese Haltung gelegentlich anzutreffen:

> »Ich persönlich benote es [das literarische Schreiben] bis jetzt in meinem Unterricht nie, weil ich persönlich der

> Auffassung bin, dass Schüler sich in ihrer Persönlichkeit öffnen und das steht uns nicht zu, das zu bewerten. Also mit Noten. Man kann ein Feedback geben, auf eine liebevolle Art. Man kann zusammen auch Kriterien erarbeiten. Aber benoten, das hat jedenfalls, so wie ich es bisher praktiziere, überhaupt keinen Platz. […] Alles was sonst mit Schule und Leistungsmessung in Verbindung gebracht wird, das finde ich, ist hier gar nicht der richtige Ort.« (Abraham & Brendel-Perpina 2015, 163)

Allerdings kann man in jeder LSiD-Staffel beobachten, wie diese kategorische Ablehnung einer Notengebung im Lauf der Zeit bröckelt – positiv gesagt: Es wird experimentiert. So schreibt Kristine Werner-Beck, Lehrerin an einer Grund- und Werkrealschule in Fellbach über ihr Projekt zum lyrischen Schreiben in einer 9. Klasse:

> »Das Thema Bewertung und Benotung war nicht einfach. Ich habe die Mitarbeit und das Durchhaltevermögen mit zur Deutschnote gezählt. Schlampige, oberflächliche Arbeit wurde negativ bewertet, fleißige und ausdauernde Arbeit wurde positiv bewertet, ohne dass eine Ziffernote gegeben wurde. Ich möchte dieses Thema aber im nächsten Kurs gründlicher angehen.« (Krottenthaler Hrsg. 2013, 83)

Befördert wird das Umdenken zum ersten durch die eigene Erfahrung, dass Werkstattgespräche ohne wertende Äußerung kaum möglich und jedenfalls nicht sinnvoll sind (vgl. Kap. 4.2, S. 107), zum zweiten durch Schüler*innen, die tatsächlich gerne Noten auf literarische Arbeiten haben möchten, und zum dritten durch die in den Werkstätten und bei den Seminarwochenenden vermittelte Fachkompetenz. Diese sorgt, wie Teilnehmer*innen immer wieder zum Ausdruck bringen, für eine Versachlichung des Urteils, die zum einen subjektive Sicherheit bedeutet und zum anderen intersubjektive Transparenz in Bezug auf Urteilskriterien herstellt. Eine Mehrheit der Teilnehmer*innen gelangt im Lauf von eineinhalb bis zwei Jahren zu der Überzeugung, dass Benotung – auch wenn nicht notwendig – mindestens möglich ist, vorausgesetzt Kriterien der Bewertung seien mit den Lernenden geklärt und ausgehandelt. Das ›Totschlagargument‹, das kreagene Produkt sei zu persönlich und (weil abhängig von Inspiration) zu unverfügbar, um als Leistung zu ›zählen‹, verliert für viele an Überzeugungskraft. Es wird entkräftet durch die Einsicht, dass nie die Person des schöpferischen Autors zur Bewertung steht, sondern immer der gelieferte Text, d. h. gestaltete Sprache auf der Basis vermittelter literarischer Verfahren (anders gesagt: eine sprachliche Leistung, die von literaturbezogenem Prozedurenwissen mehr oder weniger profitiert hat). Hinzu kommt die Praxiserfahrung, dass eine Integration literarischen Schreibens in den Regelunterricht besser funktioniert, wenn die literarische Arbeit der Lernenden ebenso gewürdigt wird wie andere Leistungen, die ebenfalls mehr oder weniger Kreativität verlangen und selbstverständlich trotzdem benotet werden.

Allerdings bleiben Probleme der Einschätzung von Textqualität, sowohl im Rahmen des lernförderlichen *Teacher Feedback* als auch bei der prüfenden Bewertung qua Notengebung ein Thema, das Teilnehmer*innen aus allen LSiD-Werkstätten umtreibt (vgl. Abraham & Brendel-Perpina 2015, 194). Auch diese Beobachtung kann hier nur exemplarisch belegt werden. Zu Benotung wurden neben der Qualität der Texte immer wieder Aspekte wie Kreativität/ Originalität, Stringenz und Engagement herangezogen. »Dabei war es nicht immer leicht, Entscheidungen in Bezug auf die Benotung zu treffen, da auch eine große Bereitschaft zum Schreiben und Überarbeiten die nicht immer sehr gute Qualität der Texte zu einem Teil aufheben konnte.« (Krottenthaler Hrsg. 2013, 45) Allerdings berichten die Teilnehmer*innen auch von großer Unsicherheit »zu bewerten, ob Texte sich verbessert oder verschlechtert haben, bei diesem ersten Projektversuch« (vgl. ebd., 126).

In jeder LSiD-Staffel gibt es zwar Deutschlehrer*innen, die ihr Schreibprojekt in einem notenfreien Raum situieren und das auch begründen können (vgl. ebd., 193). Formen wie die Erinnerungsmappe (vgl. Kap. 5.3) oder die personalisierte Urkunde dokumentieren statt einer Note die Schreiberfahrungen der Schüler*innen und bringen die Wertschätzung ihrer individuellen Leistung zum Ausdruck:

> »Um das Projekt positiv ausklingen zu lassen, bekam jeder Schüler von mir eine Art Urkunde, mit der ich meine Anerkennung für die Schreibleistung zum Ausdruck brachte. Auf jeder Urkunde ist ein Satz oder ein Absatz aus einem Text des jeweiligen Schülers zu finden, der mir besonders gelungen erschien.« (Krottenthaler Hrsg. 2013, 20)

In den meisten Schreibprojekten aber erfolgt eine Bewertung der Leistung durch eine Note – sei es als »freiwillige

Benotung« einer zusätzlichen Klassenarbeit (vgl. ebd., 30), sei es im Rahmen regulärer Notengebung, d. h. als Teil- oder Gesamtnote einer Klassenarbeit, als Berücksichtigung unter »sonstige Leistungen« (Abraham & Brendel-Perpina 2015, 176). Realisiert wird auch immer wieder eine Bewertung durch die »mündliche Note«, wenn nämlich auch der Textvortrag in die Bewertung einfließen soll. So teilt ein Erfahrungsbericht aus der Werkstatt *Szenisches Schreiben* mit: »Bewertet wurden die kreative Idee, die rhetorische Gestaltung, die Beziehung zum Ort sowie die Qualität des Vortrags.« (Krottenthaler Hrsg. 2013, 135)

Konsens unter nahezu allen Teilnehmern besteht darüber, dass nicht nur einzelne Texte als Produkte benotet werden, sondern immer die Schreibleistung als ganze. Daher organisieren die Schüler die Dokumentation ihres Arbeits- und Entwicklungsprozesses in Portfolios, die Textentwürfe, Überarbeitungen und fertige Texte enthalten und dann zur Benotung vorgelegt werden. Die Benotung erfolgt (weswegen diesem Abschnitt mit Kap. 4.4, S. 126 ein Überblick über mögliche Bewertungskriterien vorausging) meist kriteriengeleitet. Dass Kriterien nicht erst nachträgliche Bewertungsmaßstäbe sein, sondern auch Hilfen für die Schüler zum Textverfassen darstellen sollten. In einem anderen Erfahrungsbericht aus der Werkstatt *Szenisches Schreiben* (Bewertungsgegenstand war ein Referat über einen Bühnenbildvorschlag) betont Hubertine Schallhorn:

> »In die Bewertung geht vor allem auch ein, wie gut du deine Ideen begründet hast und wie originell deine Einfälle sind. (Beispiel: Eine Mobbingszene auf dem Schul-

hof ist realistisch, aber wenig einfallsreich. Die gleiche Szene wegen der Rollenverteilung [starke, schwache Schüler, die jeweils oben oder unten stehen] im engen und düsteren Seitentreppenhaus zu spielen, hat sehr viel mehr Reiz und könnte ausführlich begründet werden.) D. h. du musst unbedingt auch auf den Inhalt der Szenen, die Figuren, den eigentlichen Ort zu sprechen kommen.« (Ebd., 127)

5 Produkt- und Projektorientierung: Formen der Inszenierung eigener literarischer Arbeiten

5.1 Produktorientierung als Merkmal von Projektunterricht

Aus der Lebenswelt heraustreten und auf diese zurückwirken

Kaum ein Schreibprojekt, das aus einem der Literaturhaus-Weiterbildungsangebote hervorgeht oder aktuell (2018–22) im Rahmen des von der Robert-Bosch-Stiftung initiierten und finanzierten »Weltenschreiber«-Programms von Autor*innen an Schulen betreut wird, geht ohne irgendeine Art von öffentlicher Vorstellung seiner Ergebnisse zu Ende. Die Veranstaltung, Ausstellung oder Installation mag ›nur‹ schulöffentlich sein und die Wirkung entsprechend begrenzt; aber ebenso, wie jede LSiD-Weiterbildung mit einer Vorstellung ausgewählter Ergebnisse aus jeder Werkstatt schließt, wird auch in den durch Teilnehmer*innen an das Projekt angeschlossenen Schulen etwas zu sehen, zu hören und/oder mit nach Hause zu nehmen sein. In ähnlicher Weise dürfte das für viele andere literarische Schreibprojekte gelten, die ohne den Rahmen eines solchen Programms in ungezählten Schulklassen, VHS-Kursen oder Hochschulveranstaltungen entstehen. Oft bleiben mangels einer Dokumentierung der Entstehungsprozesse die hie und da im Internet auffindbaren Produkte aus solchen Projekten schwer einschätzbar. Sicher ist aber, dass es sie immer wieder gibt.

Seit der Projektgedanke aus der US-amerikanischen Pädagogik rezipiert und adaptiert wurde (vgl. Fritzsche, Ivo, Kopfermann & Siegle 1992), gehören zu einem Projekt nach einer »Orientierung an den Bedürfnissen und Interessen der Lernenden« und der darauffolgenden »Zielentscheidung, Planung und Durchführung« auch »Produktion« und »Präsentation« (vgl. ebd., 96 f.). Der Projektgedanke besteht ja gerade darin, der Lebenswelt der Lernenden Themen handlungsorientierten Unterrichts zu entnehmen und später Einsichten und Ergebnisse dieses Unterrichts in die Lebenswelt zurückzuspielen, was das »Öffentlichmachen des Produktes« (ebd., 72) in irgendeiner Form erfordert. Die letzte in der Theorie des Projektunterrichts immer mitgedachte Phase ist dann die »Reflexion der Arbeitsergebnisse« auf der Basis erhaltener Rückmeldungen aus dieser Öffentlichkeit und gegebenenfalls die Entscheidung für ein Anschlussprojekt. Insofern treten Lernende im ›Projektunterricht‹ aus ihrer Lebenswelt heraus und erarbeiten Einsichten, die dann auf diese zurückwirken sollen.

So betrachtet, kann das literarische Schreiben eine Sonderform des Projektunterrichts sein, wie ihn etwa John Dewey (1859–1952) in den USA und Peter Petersen (1884–1952) in Deutschland vertrat. Zwar wurde und wird in den meisten literarischen Schreibprojekten die demokratische Idee der politischen Selbstbestimmung wohl weniger fokussiert als in manch anderen aus dem Fachunterricht hervorgehenden Projekten, aber der Emanzipation des Einzelnen in und gegenüber dem Gemeinwesen dient auch die Teilhabe an einer künstlerisch-literarischen Praxis (vgl. Kap. 1.4, S. 27) einschließlich der Erfahrung, dass sich die eigene Lebenswirklichkeit aus einer literarisch hergestellten Distanz heraus noch einmal anders betrachten lässt. Insofern kommen die starke Betonung einer persönlichkeitsbildenden Wirkung gerade solchen Schreibens (vgl. Kap. 1.5, S. 42) und der Widerhall solcher Überzeugungen in den Selbstaussagen beteiligter Lehrkräfte im Rahmen der LSiD-Begleitforschung (vgl. Abraham & Brendel-Perpina 2016) nicht von ungefähr: Wir haben es hier nicht mit folgenloser poetischer Spielerei zu tun, sondern mit einer die Schriftlichkeit und ihre Medien nutzenden Plattform für ›Ich-Aussagen‹. Diese können durchaus politisch relevant sein und sind dies implizit oft auch dort, wo sie scheinbar lediglich das Lebensgefühl, die Wünsche, Sorgen und Ängste Jugendlicher von heute zu einer Sprache bringen, die gestaltet ist – und adressiert: Denn über die Selbstwirksamkeit der Schreiber*innen hinaus können so entstehende Texte/Medien ja nur wirken, wenn sie ein Publikum erreichen, auch über die kollaborativ schreibende und Textkritik übende Lerngruppe hinaus.

Aus dem Fachunterricht heraustreten und auf diesen zurückwirken

Obwohl es im pädagogischen Diskurs zur Bildungssprache üblich geworden ist, den Begriff ›Fachunterricht‹ dem des Sprachunterrichts entgegenzusetzen (es geht u. a. dort um »Sprache im Fachunterricht«), möchte ich aus der Sicht des Sprach- und Literaturlehrers betonen, dass Deutschunterricht auch Fachunterricht *ist.* In der Primarstufe muss er das sein, weil das Medium der Schriftlichkeit in allen Fächern gebraucht, nur in Deutsch aber systematisch und erwerbsorientiert vermittelt wird. In den Sekundarstufen geht es, folgt man Bildungsplänen und -standards, mit steigender Jahrgangsstufe immer mehr um die Literatur als einen Gegenstand mit bildender Wirkung, der einen wissensorientierten Unterricht erfordert und mit Konzepten der Leseförderung allein nicht zu betreiben ist. Der klassische Projektgedanke wollte fachliche Fragen aus einem Unterrichtsfach herausnehmen und in überfachliche Zusammenhänge stellen, damit etwa Probleme politischer Mitbestimmung oder naturwissenschaftlicher Forschung für die Lernenden konkreter und lebensnäher untersucht werden konnten, als das herkömmlicherweise in Fächern wie Sozialkunde oder Physik geschah. Von den in entsprechenden Projekten handlungsorientiert gewonnenen Einsichten (aktuell wären das beispielsweise Fragen zum Klimawandel und zu seinen messbaren Auswirkungen) versprach man sich positive Rückwirkungen auf den Fachunterricht im Sinn eines vertieften Verständnisses für Fachfragen, zu denen nun ein persönlicher Bezug hergestellt war.

Auch aus dieser Perspektive betrachtet, führen Schreibprojekte aus dem Literaturunterricht heraus den Projektgedanken fort. Denn das, was eben beschrieben wurde, geschieht auch, wenn Lernende (unter die in diesem Fall auch die Lehrenden zu rechnen sind, insofern Deutschlehrkräfte fast immer Neuland betreten, wenn sie beginnen selbst literarisch zu arbeiten) Literatur ›machen‹: Sie verstehen und gestalten produktionsästhetisch. Literaturunterricht hört dann auf, Unterricht über eine fremde, von alltagsentrückten und schwer zu begreifenden Leuten verfertigte Sache zu sein, und beginnt so ähnlich zu funktionieren wie

Musik- oder Sportunterricht: Wir machen etwas (manchmal allein, aber oft gemeinsam) und denken darüber nach, welchen Regeln es gehorcht und wie wir mit unserem Tun Erfolg haben können. Diese Einsicht wird im literarischen Schreiben gewonnen, das Teil des Regelunterrichts Deutsch sein oder werden kann, aber nicht muss; auch Wahlunterricht, Neigungsgruppen und Arbeitsgemeinschaften sind ein guter Nährboden für solches Lernen. In jedem Fall besteht die Möglichkeit, diesen neuen Blick auf Literatur und die Entdeckung der aktiven Teilhabe an ihr in den Fachunterricht (Deutsch) zurückzuspielen. Und auch dafür sind Formen der (Schul-)Öffentlichkeit hilfreich. Diese schließen zwar die große Veranstaltung in der Aula ein, aber auch andere, niedrigschwellige Formen. Es kann sich beispielsweise auch um ein Projekt handeln, in dem ältere Lernende für einen jüngeren Jahrgang eine Rhapsodie einstudieren und in deren Deutschunterricht aufführen.

5.2 Voraussetzungen

Die mit dem Projektcharakter literarischen Schreibens einhergehende Produktorientierung entwickelt ihre eigene Dynamik und basiert auf spezifischen Voraussetzungen, die anderer Art sind als die in Kap. 4 dargestellte Produktionsorientierung: Es muss Klarheit hergestellt werden über zu erreichende Zielgruppe(n), Vorgaben und Procedere der Textredaktion, urheberrechtliche Fragen sowie natürlich die Organisation und Finanzierung einer Publikation oder Aufführung.

Zielgruppenwahl

Produzieren kann man literarische Texte und Medien zwar zunächst auch, ohne über einen Adressatenkreis für die Produkte nachzudenken; es gibt Schriftsteller*innen, die von sich sagen, sie dächten beim Schreiben gar nicht an ein Publikum. Das ändert sich aber, wenn Texte publiziert oder öffentlich inszeniert werden sollen. Im Vorfeld müssen dann Fragen wie diese diskutiert und geklärt werden:

- Wen interessiert das, was da entstanden ist? (Vermutlich möchten die Familien der beteiligten Schüler*innen es sehen, hören oder lesen, aber sind nicht auch Gleichaltrige potenzielle Rezipient*innen, Lehrkräfte anderer Klassen oder Schulen, und darüber hinaus literarisch interessierte Erwachsene?)
- Wie kann man diese Zielgruppe(n) erreichen? (Umfasst der Kreis mehr als die Familien der Lernenden selbst, so bedarf das Produkt eines professionelleren Auftritts und muss in irgendeiner Form beworben werden – gleich, ob es sich dabei um ein distributionsfähiges Medium handelt oder um eine Veranstaltung.)
- Welche Zielgruppe lässt sich wie am besten erreichen? (Die Möglichkeiten reichen von der persönlichen Ansprache über einen Flyer oder einen digitalen Auftritt auf der Website der eigenen Institution bis zur Werbung über die sogenannten *social media*-Kanäle.)

Textredaktion und Wahl der Inszenierungsform

Die in Kap. 5.2, S. 143 nahegelegten Entscheidungen betreffen den weiteren Umgang mit den Produkten, die die literarische Werkstatt verlassen sollen, vor allem hinsichtlich eines professionellen Erscheinungsbildes. Es geht dabei um die folgenden Fragen:

- Wer übernimmt und verantwortet die redaktionelle Bearbeitung von Texten und (ggf.) stehenden oder bewegten Bildern? (Im Unterschied zu der in Kap. 4.2, S. 112, dargestellten Überarbeitung bzw. Textrevision sollte die Redaktion nicht von den Verfasser*innen selbst besorgt werden, sondern für alle Beiträge zu einer Publikation in einer Hand liegen bzw. einer Arbeitsgruppe anvertraut werden.)
- Welche Konventionen sollen dabei gattungsabhängig (nicht) beachtet werden? (Wie geht man z. B. mit intentionalen Abweichungen von der ›Sprachrichtigkeit‹ um, etwa radikaler Kleinschreibung und eigenwilliger Zeichensetzung im Gedicht oder Nachbildungen phonetischer Besonderheiten bestimmter Varietäten in szenischen Texten?)
- Wie werden visuelle, auditive oder audiovisuelle Produkte unter Beachtung medienabhängiger Konventionen bearbeitet? (Um den Rezeptionserwartungen halbwegs zu entsprechen, die eine Zielgruppe aus Fernsehen, Kino und Internet mitbringt, sollten meist Fotos nachbearbeitet sowie Film- und Tonaufnahmen geschnitten werden.)
- Wer in der Lerngruppe verfügt über entsprechende

Kompetenzen und Fertigkeiten oder wird sie sich aneignen? (Dass die Lehrkraft selbst und/oder der betreuende Autor das übernimmt, ist immer wieder zu beobachten, stellt aber auf lange Sicht keine Lösung dar, da es erstens in Selbstausbeutung der Projektverantwortlichen geschieht, deshalb zweitens die Verantwortung für das gemeinsame Produkt gerade nicht als Gesamtverantwortung behandelt und vor allem drittens entsprechenden Kompetenzaufbau bei den Lernenden unterläuft, statt ihn zu fördern. Die Fähigkeit der Textredaktion ist aber eine – oft nur – im Deutschunterricht erwerbbare ›Schlüsselqualifikation‹ für die Arbeitswelt.)

Urheberrechtlicher Status präsentierbarer Produkte

Es ist hier nicht der Ort, in das (deutsche oder gar internationale) Urheberrecht einzuführen. Doch nicht erst seit der letzten Urheberrechtsnovelle von 2018, seither aber in Teilen verschärft, ist die Verwendung fremden geistigen Eigentums mit Strafen bewehrt. Der Sinn entsprechender gesetzlicher Regelungen[15] liegt in einem Schutz der Urheber (Künstler, Schriftsteller), die als ›Freischaffende‹ auf Einnahmen aus ihren Erzeugnissen angewiesen sind[16] und

15 Vgl. aber www.gesetze-im-internet.de/urhg/index.html (Gesetzestext) und de.wikipedia.org/wiki/Urheberrechtsgesetz_(Deutschland) (Erläuterung).

16 Für diese Einnahmen sorgen zum einen Verlags- und andere Honorarverträge, zum andern Verwertungsgesellschaften, die Kopier- und Nutzungsgebühren einziehen und einmal im Jahr an die Urheber*innen auswerfen (v. a. die Gesellschaft für musikali-

um diese betrogen werden, wenn Raubkopien ihrer Werke im Druck oder im Internet einem Publikum zugänglich gemacht werden, das entweder gar nicht oder an Dritte bezahlt. Unter Strafe (angefangen bei einer Geldstrafe bis hin zu einer dreijährigen Freiheitsstrafe) stehen deshalb

- die unerlaubte Verwertung von urheberrechtlich geschützten Werken (§ 106 UrhG);
- unzulässiges Anbringen einer Urheberbezeichnung (§ 107 UrhG);
- unerlaubte Eingriffe in technische Schutzmaßnahmen und zur Rechtewahrnehmung erforderliche Informationen (§ 108b UrhG), z. B. wie das Entfernen eines Kopierschutzes.

Mindestens so viel sollte im Unterricht bzw. in der literarischen Werkstatt deutlich gesagt werden. Die Erfahrung zeigt nämlich, dass Kinder und Jugendliche als sogenannte *digital natives* oft wenig Bewusstsein für geistiges Eigentum anderer mitbringen und durch sich ständig verbessernde technische Möglichkeiten ihrer Endgeräte geradezu verleitet werden, es dauernd zu verletzen. Da werden eigene Texte (v. a. Reportagen, Geschichten, Gedichte) ›mal schnell‹ mit Bildern versehen, die man ›im Internet‹ leicht findet und oft (nicht immer) ›downloaden‹ kann, oder Videoaufnahmen mit Musik unterlegt, die man ›auf dem Smartphone drauf hat‹. Aber gleich, ob Bilder oder Musik

sche Aufführungs- und mechanische Vervielfältigungsrechte, die Verwertungsgesellschaft Wort, die Gesellschaft zur Verwertung von Leistungsschutzrechten und die Verwertungsgesellschaft Bild-Kunst).

legal dorthin gelangt sind oder nicht: Werden sie einem Produkt hinzugefügt, das nachher an andere verteilt, öffentlich vorgeführt oder gar (z. B. auf dem Weihnachtsmarkt der Schule) zum Kauf angeboten wird, so ist das ein illegaler Vorgang. Dieser kann nicht nur strafrechtlich geahndet werden (s. o.), sondern zusätzlich v. a. bei bilddominierten Medien schnell zu hohen Forderungen der Geschädigten führen, die sich von darauf spezialisierten Anwaltskanzleien vertreten lassen. (Manche von diesen suchen selbstständig nach Urheberrechtsverletzungen im Netz und bieten ihre Dienstleistungen dann den Rechteeigentümern an.)

Einen für die Veröffentlichung oder öffentliche Aufführung akzeptablen urheberrechtlichen Status erreicht man mit Werken aus eigener Produktion nur, wenn entweder auch alle Bild- und Tonbeigaben aus eigener Herstellung stammen, oder es eine positiv beantwortete Anfrage beim Rechteinhaber gibt, der die Verwendung unentgeltlich oder gegen eine bezahlbare Gebühr gestattet hat; ein Quellennachweis ist zwar selbstverständlich, ersetzt aber diese Anfrage nicht. (Korrespondenz dieser Art sollte ebenso wenig wie die Textredaktion von Projektbetreuer*innen allein erledigt werden; auch dabei kann man etwas lernen!)

Finanzierung einer Aufführung bzw. Verbreitung

Kunst und Literatur brauchen entweder einen Etat im Haushalt einer Institution (Schule, Hochschule usw.), finanzielle Förderung z. B. durch eine Stiftung oder anderweitige Sponsoren bzw. Mäzene. Ist das literarische Schreiben als solches auf den ersten Blick kostenneutral, jedenfalls insofern Klassenzimmer oder Seminarraum ohnehin zur Verfügung stehen und das betreffende Projekt in den Unterricht eingebunden ist, so entstehen bei jedem Versuch, die Ergebnisse einer Öffentlichkeit zugänglich zu machen, unweigerlich Kosten. Diese können in der Regel allenfalls teilweise über den Erlös z. B. für verkaufte Tonträger oder Eintrittskarten erwirtschaftet werden. Selbst die niedrigstschwellige Form der (schul-)öffentlichen Dokumentation geht nicht zum Nulltarif, allenfalls in Selbstausbeutung:

> »Die Texte und Fototexte aller Schüler wurden am Schuljahresende von mir farbig ausgedruckt und in einer Erinnerungsmappe abgeheftet. Jeder erhielt zum Abschied eine solche Mappe. Die Schüler hatten es nach der Zeugnisausgabe nicht eilig, die Schule zu verlassen, sie blätterten andächtig und erfreut in ihren Erinnerungsmappen.« (Krottenthaler Hrsg. 2013, 12)

Alles andere ist teurer. Schulspielleiter*innen wissen zwar, dass bei entsprechender Begeisterung für die Sache einiges auch kostengünstig improvisiert werden kann, aber auch kleine Beträge summieren sich: Für eine Inszenierung braucht man beispielsweise, auch wenn es kein traditionelles Bühnenbild mit aufwendigem Kulissenbau zu geben braucht, ein paar Kostüme und Requisiten. Für die mediale Produktion von Gedichtvideos etwa ist vielleicht die Nutzung von Tools notwendig, die nicht alle Freeware sind, oder das Tonstudio, in dem man das eigene Hörspiel schneiden möchte, verlangt eine Nutzungsgebühr. Hinzu kommen dann noch Materialkosten für Tonträger, Hüllen,

Etikettendruck usw. Ohne Etat, und sei er noch so bescheiden, kommt man nicht weit. Lehrer*innen und pädagogisch erfahrene Expert*innen (wie z. B. die Werkstattleiter*innen der LSiD-Programme) wissen meist selbst am besten, welche Möglichkeiten es lokal oder regional gibt, Geld einzuwerben. Gelegentlich hilft schon die Vorsprache bei Schülereltern, die als Mittelständler Handwerks- oder andere Betriebe haben und entweder Geld oder Sachmittel spenden.

Für die vorliegende Darstellung wichtig ist auch in Bezug auf diese letzte Voraussetzung (Finanzierbarkeit) die Weitergabe einer langjährigen Erfahrung: Projektleiter*innen sollten auch in dieser Hinsicht nicht die alleinige Verantwortung übernehmen, sondern die Lernenden einbeziehen, wo immer es geht. So kann eine Vorsprache bei potenziellen Sponsoren in der Stadt oder Region zunächst szenisch geprobt und dann in der Lerngruppe diskutiert werden, bevor zwei oder drei Freiwillige mit dem Anliegen der Gruppe zur Sparkasse, in den Baumarkt oder ins Stadttheater gehen. Es bleibt noch genügend übrig, was die betreuende Lehrerin oder der mit der Klasse arbeitende Autor selbst tun muss, um die Finanzierung zu sichern.

5.3 Präsentationsformen und -medien

Formen der Live-Präsentation

Literarische Texte können auch dann, wenn sie nicht für die Mündlichkeit oder fürs Theater konzipiert sind, performativ präsentiert werden. Naheliegend ist zunächst die öffentliche Lesung. In den über Teilnehmer*innen in das LSiD-Programm eingebundenen Schulen wird beispielsweise eine Textauswahl zu Anlässen wie der Verabschiedung der Abschlussklassen vorgetragen (vgl. Krottenthaler Hrsg. 2013, 17), oder Gedichtvorträge finden im Rahmen eines Musischen Nachmittags in der Schule statt (vgl. ebd., 90).

Vorlesen geht dabei schrittweise über in den vorbereiteten Vortrag. Dieser erfordert allerdings entsprechende Vorbereitung. »Interessant war, dass die Schüler bereits nach einer ›exemplarischen‹ Vortragsbesprechung erfuhren, dass es einiger Schliffe (Haltung, Stimmführung, Pausen, Atmung, Betonungen etc.) bedurfte, um die eigenen und fremden Texte ›angemessen‹ in den ›Raum‹ zu stellen« (vgl. ebd., 75). Der öffentliche Charakter solcher schulischer Veranstaltungen unterstreicht die kulturelle Bedeutsamkeit der Schreibprojekte und würdigt die Leistung der Lernenden (vgl. Abraham & Brendel-Perpina 2015, 192): »Unter den Gästen war auch die Schulleitung, was die Autoren als Auszeichnung ihrer Leistung empfunden haben. Einer der Autoren wurde von einem Reporter vom Reutlinger General-Anzeiger interviewt, ein anderer bekam später eine Einladung von einer Grundschule in Reutlingen, um dort den Kindern in zwei Unterrichtsstunden über seine Schreiberfahrungen zu berichten.« (Ebd., 184)

Performativ sind natürlich auch theatrale Inszenierungen, die auf literarischem Schreiben oder Adaptieren von Spielvorlagen basieren. Besonders die aus einzelnen Nummern zusammengesetzte Revue ist ein dankbares Format, denn hier können Gedichte und Slamtexte, kurze Prosatexte und Minidramen gemischt werden. Als szenische

Collage wird eine solche Mischung auch »an ungewöhnlichen Orten der Schule aufgeführt« (Krottenthaler Hrsg. 2013, 126). Überhaupt ist die Einbindung ins Schulleben nicht zwingend, aber ratsam: So passte etwa ein szenischer Entwurf aus der Projektklasse einer LSiD-Teilnehmerin zur Einschulungsfeier der 5. Jahrgangsstufe und wurde dafür einstudiert (vgl. ebd., 158).

Manche Projektklassen präsentieren ihre Ergebnisse auch einer größeren Öffentlichkeit außerhalb der Schule. So gab es beispielsweise Gedichtvorträge bei einem Sommerkonzert »Musik und Lyrik« in der Musikakademie Schloss Weikersheim (vgl. ebd., 75) oder eine Lesung von Texten aus der schulischen Schreibwerkstatt im Landratsamt Tübingen (vgl. ebd., 184).

Denkbar sind weiterhin auch theatrale Formen im öffentlichen Raum, etwa ein Samstag- oder Sonntagnachmittag mit Straßentheater an wechselnden Orten oder (als Abschluss einer Lerneinheit über szenische Improvisation) ein Versuch mit Augusto Boals Konzept des »unsichtbaren Theaters« im Einkaufszentrum oder in der Fußgängerzone (vgl. Boal 2013, 49–62).

Mediale Präsentation und Ausstellung

Alle bereits in Kap. 2.1, S. 46) aufgeführten Medien, die auf der Produktebene eine Rolle spielen, lassen sich prinzipiell auch zur Veröffentlichung nutzen; zu beachten ist allerdings ihr urheberrechtlicher Status (vgl. Kap. 5.2, S. 145). Analog oder digital (on- und offline) können literarische Arbeitsergebnisse vielfältig präsentiert werden:

- Schulöffentlich werden Texte beispielsweise auf *Wandzeitungen* im Klassenzimmer, als *Poster* auf dem Schulfest oder beim Tag der Offenen Tür ausgestellt; dafür geeignete Texte können gegebenenfalls. auch in Hörfassungen produziert und über das *Schulradio* ausgestrahlt werden.
- Gelegentlich werden Schülerarbeiten als Beiträge in *regionalen Zeitungen* gedruckt oder in einer *Anthologie* (z. B. *Sich in Sprache fallen lassen*, hrsg. vom Förderkreis Kreatives Schreiben und Musik e. V., Stuttgart 2013) veröffentlicht. Auch gibt es die schönen, seit über zehn Jahren aus dem »Hausacher Leselenz« hervorgehenden Ergebnispublikationen *wort:werk* (hrsg. von José F. A. Oliver). Die Ausnahme bleiben wohl ›große‹ Veröffentlichungen wie der von Baurmann & Schulz 2010 herausgegebene, für die vorliegende Einführung ausgewertete Band *Die Ruhr fließt anders als der Bosporus*.)
- Ihre *printmediale Form* als eigenes Buch, Booklet, Broschüre oder Leporello finden in der Schule entstandene Texte, herstellungstechnisch auch unterstützt durch elektronische Text-/Bildverarbeitung. Bereits erprobte Präsentationsformate sind das »Lapbook« (»Klappbücher in DIN-A3-Größe mit unterschiedlich gefalteten und beschrifteten Innenleben«; Abraham & Brendel-Perpina 2015, 192 f.) und der »Literaturwechsler« (ein mehrfach neu gefüllter und an unterschiedlichen Orten platzierter Postkarten-Rollständer; vgl. ebd.). Eine Option dabei sind, anknüpfend an Célestin Freinets (1896–1966) reformpädagogisches Konzept der Schuldruckerei (vgl. Bronkhorst 2003), mit Hilfe moderner Medien hergestellte, von den Schüler*innen selbst gebundene und ge-

staltete Bücher (vgl. Krottenthaler Hrsg. 2013, 30, 51 und 56).[17]

- *Digital publiziert* werden können Arbeitsergebnisse auf einer existierenden Website (der Schule oder Hochschule) oder einer eigens erstellten und auf einem anderen Server laufenden Projektwebsite. Performance-Videomitschnitte landen nicht selten auf Youtube oder ähnlichen Plattformen. Offline kann, in welcher Stückzahl auch immer, eine CD oder DVD produziert und innerhalb geeigneter Zielgruppen (s. o.) verbreitet werden.
- *Ausstellungen* bieten sich vor allem zu journalistischen Schreibprojekten und zu Text-Bild-Kombinationen an: Die Texte können zusammen mit den entstandenen Bildern in Postergröße gelayoutet werden; eventuell mitgeschnittene Interviews lassen sich an einer Audiostation abspielen (falls man daran gedacht hat, beim Interview dafür das Recht einzuholen), und Atmo-Geräusche vom Ort der Reportage gegebenenfalls über Raumlautsprecher einspielen.

17 Zu weiteren Erfahrungen mit individualisiert adaptierten Büchern (*adaptable books*) in analoger Herstellung vgl. Smith (2007), in digitaler Hauck-Thum (2010); zur Druckerei als Lernort Mikota (2019).

6 Ausblick

> »Literarisches Schreiben im Unterricht ist in jeder Hinsicht gewinnbringend, allerdings glaube ich, dass wir noch am Anfang eines längeren Weges stehen.«
>
> (Krottenthaler Hrsg. 2013, 81)

Uta Leicht, Deutschlehrerin am Welfen-Gymnasium Ravensburg, schrieb diesen Satz 2013 in ihrem Erfahrungsbericht über die Umsetzung eines Schreibprojekts, das sie als LSiD-Teilnehmerin geplant hatte. Ein Bewusstsein davon, nicht nur ›eine Fortbildung zu machen‹, sondern an etwas Größerem teilzuhaben, das erst noch vollends zu sich selber kommen muss, lassen viele erkennen, die sich längerfristig auf literarisches Schreiben in der Schule eingelassen haben. Nicht nur können sie sich – bei allem Zeit- und Prüfungsdruck – Unterricht auf Dauer nicht mehr ohne Schreibphasen vorstellen, sondern sie haben die produktive Beschäftigung mit Literatur auch in ihr Leben integriert. Es mag dort nach dem Ende der Weiterbildung neben allen familiären und beruflichen Herausforderungen zeitweise stark zurücktreten, hat aber für sich eine Nische erobert, die es jederzeit wieder besetzen kann. Und so kann es auch einen »längeren Weg« begleiten, insoweit es dabei hilft Entwicklungsaufgaben zu lösen, berufliche wie persönliche.

Indem die Kollegin das in dem zitierten Satz zum Ausdruck bringt, gibt sie den Autor*innen, Literaturhausorganisator*innen und Fachdidaktiker*innen, die gemeinsam an diesem Größeren arbeiten, eine wertvolle Rückmeldung: Längere Wege brauchen Zeit. Sie brauchen auch eine Ausrüstung und einen Plan. Und sie versprechen neben Erfolgserlebnissen auch Rückschläge, Hindernisse und mancherlei Verzögerungen. Aber sie verfolgen doch eine Richtung weiter. Ein wichtiges Etappenziel ist dann erreicht, wenn literarische Schreibförderung in Schule und Fachdidaktik denselben Stellenwert erlangt hat, den man der Leseförderung schon lange zugesteht.

7 Literaturhinweise

Abraham, Ulf (2011): Stil lehren? Die Wahrnehmung der Stilqualität von Texten als didaktische Herausforderung in Schule und Hochschule. In: Textprofile stilistisch. Beiträge zur literarischen Evolution. Hrsg. von Ulrich Breuer und Bernhard Spies. Bielefeld: transcript. S. 337–364.

– (2014): »Kreatives« und »poetisches« Schreiben. In: Schriftlicher Sprachgebrauch – Texte verfassen. Hrsg. von Helmuth Feilke und Thorsten Pohl. Baltmannsweiler: Schneider. S. 364–381.

– (2015): Mikrotexte. Die Bildunterschrift als Textsorte. In: Kunst+Unterricht 395/396. S. 93–95.

– (2016): Szenisches Schreiben. In: Praxis Deutsch 260. S. 4–11.

– (2017): Ist literarisches Schreiben »Produktionsorientierung«? Schreiben im Literatur- und Literatur im Schreibunterricht: spannende Verhältnisse. In: Gestaltungsraum Deutschunterricht. Literatur – Sprache – Kultur. Hrsg. von Dieter Wrobel, Tilman von Brand und Markus Engelns. Baltmannsweiler: Schneider. S. 77–84.

– (2018): Fantasie und Handwerk. Das Drehbuch als Aufgabe filmischen Denkens im Deutschunterricht. In: Vorstellungen bilden II. Hrsg. von Peter Fauser und Gundela Irmert-Müller. Jena: Imaginata e. V. S. 223–234.

– (2019): Bewertung bei handlungs- und produktionsorientierten Schreibaufgaben und beim literarischen Schreiben. In: Deutschunterricht in Theorie und Praxis 11: Lese- und Literaturunterricht. Bd. 3. Hrsg. von Michael Kämper-van den Boogaart und Kaspar H. Spinner. 3., stark überarb. Aufl. S. 93–119.

– (2020): Lesen, hören, sehen. Literaturfähige Medien in fachdidaktischer Sicht. In: JuLit 1/20. S. 11–18.

– (2021): Ich schreibt. Autobiografisches (im) Schreiben als Herausforderung und Lerngelegenheit im Rahmen des Weiterbildungsprogramms »Literarisches Schreiben im Deutschunterricht«. In: Autobiografisches Schreiben in Bildungskontexten. Konzepte und Methoden. Hrsg. von Renata Behrendt und David Kreitz. [In Vorbereitung.]

– / Anders, Petra (2008): Poetry Slam und Poetry Clip. Formen inszenierter Poesie der Gegenwart. In: Praxis Deutsch 35. S. 6–9.
– / Brendel-Perpina, Ina (2015): Literarisches Schreiben im Deutschunterricht. Produktionsorientierte Literaturpädagogik in der Aus- und Weiterbildung. Seelze: Klett/Kallmeyer.
– (2016): LehrerInnen lernen schreiben. Ergebnisse des Weiterbildungsprogramms »Literarisches Schreiben im Deutschunterricht«. In: Wissen und Normen – Facetten professioneller Kompetenz von Deutschlehrkräften. Hrsg. von Holger Zimmermann und Ann Peyer: Frankfurt a. M.: Lang, S. 127–148.
– / Krottenthaler, Erwin (2019): Literaturhaus. In: Wrobel/Ott (Hrsg.). S. 101–103.
Adorno, Theodor W. (1977): Kulturkritik und Gesellschaft I. Frankfurt a. M.: Suhrkamp.
Arnheim, Rudolf (1964): From Function to Expression. In: The Journal of Aesthetics and Art Criticism 23. S. 29–41.
Baurmann, Jürgen/ Schulz, Hermann (2010): Die Ruhr fließt anders als der Bosporus. Demokratie leben – Autoren schreiben gemeinsam mit Schülern. Essen: Klartext.
Becker-Mrotzek, Michael (2012): Gemeinsam erzählen – getrennt schreiben. In: Erzählen als Form – Formen des Erzählens. Hrsg. von Friederike Kern. Berlin: de Gruyter. S. 147–160.
Begleiter, Marcie (2010): Storyboard: Vom Text zur Zeichnung zum Film. Frankfurt a. M.: Zweitausendeins.
Berger, Norbert (1995): Schreiben nach literarischen Vorlagen: Produktiver Literaturunterricht in der Sekundarstufe. Donauwörth: Auer.
Birner, Heinz (1978): Kreative Gestaltungsübungen im Deutschunterricht der Mittelstufe. Lyrik – Hörspiel. München: Oldenbourg.
Boal, Augusto (2013): Übungen und Spiele für Schauspieler und Nicht-Schauspieler. Hrsg. und aus dem brasilianischen Portug. übers. von Till Baumann. Aktual. und erw. Ausg. Berlin: Suhrkamp.
Böttcher, Ingrid (Hrsg.) (2013): Kreatives Schreiben. 8. Aufl. Berlin: Cornelsen Scriptor.
Bosse, Heinrich (1978): Dichter kann man nicht bilden. Zur Verände-

rung der Schulrhetorik nach 1770. In: Jahrbuch für Internationale Germanistik 10. Hrsg. von Hans-Gerd Roloff. Bern: Lang. S. 80–125.
Bothe, Katrin (1998): Kreatives Schreiben. In: Historisches Wörterbuch der Rhetorik. Bd. 4. Hrsg. von Gregor Kalivoda [u. a.]. Tübingen: Niemeyer, S. 1371–1377.
Bräuer, Christoph (2006): Literarische Texte. In: Lexikon Deutschdidaktik. Hrsg. von Heinz-Jürgen Kliewer und Inge Pohl. Baltmannsweiler: Schneider. S. 450–453.
Brendel-Perpina, Ina (2019): Literarische Wertung als kulturelle Praxis. Kritik, Urteilsbildung und die neuen Medien im Deutschunterricht. Bamberg: University of Bamberg Press.
Bronkhorst, John (2003): Freinet-Pädagogik und neue Medien. In: Freinet-Pädagogik & die moderne Schule. Hrsg. von Harald Eichelberger. Innsbruck: StudienVerlag 2003. S. 151–168.
Brunke, Timo (2015): Wort und Spiel im Unterricht. Vom Sprachspiel über Poetry Slam zur Rhapsodie. Seelze: Klett/Kallmeyer.
Bürki, Gisela / Stucki-Volz, Germaine (2010): »Zu zweit allein« – kooperatives Schreiben am Beispiel eines Klassenromans. In: Der Deutschunterricht 62. H. 6. S. 89–95.
Chromik, Therese (2012): Theorie und Praxis des Kreativen Schreibens. Frankfurt a. M.: Lang.
Eco, Umberto (1992): Die Grenzen der Interpretation. München: dtv.
Ede, Lisa S. / Lunsford, Andrea A. (1990): Singular texts / plural authors. Perspectives on collaborative writing. Carbondale: Southern Illinois University Press.
Eggert, Hartmut / Garbe, Christine (2003): Literarische Sozialisation. 2. Aufl. Stuttgart: Metzler.
Egri, Lajos (2002): Literarisches Schreiben: Starke Charaktere – Originelle Ideen – Überzeugende Handlung. Berlin: Autorenhaus-Verlag.
Fauser, Markus (2011): Einführung in die Kulturwissenschaft. 5., durchges. Aufl. Darmstadt: WBG.
Feiereisen, Florence (2008): Identitäten im Remix. Literarisches Sampling im Fadenkreuz von Postmoderne und Postkolonialis-

mus in Literatur der Jahrtausendwende: In: Zemanek & Krones (Hrsg.). S. 281–294.
Fingerhut, Karlheinz (1982): Umerzählen. Ein Lesebuch mit Anregungen für eigene Schreibversuche in der Sekundarstufe II. Frankfurt a. M.: Diesterweg.
Fix, Ulla (1996): Gestalt und Gestalten. Von der Notwendigkeit der Gestaltkategorie für eine das Ästhetische berücksichtigende pragmatische Stilistik. In: Zeitschrift für Germanistik. Neue Folge. H. 2. S. 308–323.
Fritzsche, Joachim (1988): Was ist literarische Begabung, und wie kann man sie fördern? In: Diskussion Deutsch 102. S. 347–366.
– / Ivo, Hubert / Kopfermann, Thomas / Siegle, Rainer (1992): Projekte im Deutschunterricht. Stuttgart: Klett.
Fröchling, Jürgen (1987): Expressives Schreiben. Untersuchung des Schreibprozesses und seiner Funktionen als Grundlage für eine Laienschreibdidaktik. Frankfurt a. M.: Lang.
Fuchs, Max (1986): Kulturelle Bildung und ästhetische Erziehung. Theoretische Grundlagen. Köln: Pahl-Rugenstein.
Glasenapp, Gabriele von / Pecher, Claudia Maria / Giese, Felix / Anker, Martin (Hrsg.) (2019): Erzählen in Wort und Bild. Beiträge zur Theorie und Praxis kinder- und jugendliterarischer Erzählwelten. Baltmannsweiler: Schneider.
Grau, Herwig / Seidler, Burkhard (2004): Wenn Texte wandern ... Schüler beurteilen Schülertexte. In: Praxis Deutsch 184. S. 28–31.
Gross, Monika (2011): »Vorgang – nicht Ergebnis«. Max Frischs *Skizze eines Unglücks II*. In: Praxis Deutsch 227. S. 44–50.
Häntzschel, Günter (1997): Deklamation. In. Reallexikon der deutschen Literaturwissenschaft. Bd. 1. Hrsg. von Klaus Weimar. Berlin / New York: de Gruyter, S. 332–334.
Härle, Gerhard (2004): Literarische Gespräche im Unterricht. Versuch einer Positionsbestimmung. In: Wege zum Lesen und zur Literatur. Hrsg. von G. H. und Bernhard Rank. Baltmannsweiler: Schneider. S. 137–168.
Hauck-Thum, Uta (2010): Adaptable Books – Inszenierungsräume für individuelle sprachliche und literarische Bildungserfahrungen.

In: Kulturen des Inszenierens in Deutschdidaktik und Deutschunterricht. Hrsg. von Ulf Abraham und Ina Brendel-Perpina. Baltmannsweiler: Schneider 2017. S. 195–208.
Herrmann, Manfred (1980): Schule der Poetik. Literarische Kreativität im Deutschunterricht. Paderborn: Schöningh.
Hurrelmann, Bettina (2002): Leseleistung – Lesekompetenz. Folgerungen aus PISA, mit einem Plädoyer für ein didaktisches Konzept des Lesens als kulturelle Praxis. In: Praxis Deutsch 176. S. 6–18.
Jacob, Ramona (2017): Poesie als Lebenstanz. Warum es sich lohnt, Gedichte zu schreiben. Baltmannsweiler: Schneider.
Jahn, Karl-Heinz / Kirn, Karl-Heinz (1983): Schüler schreiben selbst. Märchen, Parabel, Lyrik, Eulenspiegelei, Parodie und Utopie als Unterrichtsgegenstand. Weinheim: Beltz.
Jantzen, Christoph (2010): Überarbeiten als Lernform – Überarbeiten als Textform. Empirisch begründete Konkretisierungen eines Konzepts. In: Textformen als Lernformen. Hrsg. von Thorsten Pohl und Torsten Steinhoff: Duisburg: Gilles & Francke. S. 143–162.
Johansen, Anna (2013): Literaturhäuser. In: Handbuch Kanon und Wertung. Theorien, Instanzen, Geschichte. Hrsg. von Gabriele Rippl und Simone Winko: Stuttgart: Metzler. S. 211–214.
Kellner, Norbert (1999): Literarische Kreativität. Warum schreiben? Wie schreibt man Literatur? Was ist (gute) Literatur? Stuttgart: Klett.
Kepser, Matthis (2010): Handlungs- und produktionsorientiertes Arbeiten mit (Spiel-)Filmen. Fächer der schulischen Filmbildung. Deutsch, Englisch, Geschichte u. a. Mit zahlreichen Abbildungen. In: Vorschlägen für einen handlungs- und produktionsorientierten Unterricht. Hrsg. von M. K. München: kopaed. S. 187–240.
– (2012): Anmerkungen zur Kompetenzorientierung und Empirie. In: Literaturdidaktik im Zeichen von Kompetenzorientierung und Empirie. Hrsg. von Daniela Frickel, Clemens Kammler und Gerhard Rupp. Freiburg i. Br.: Fillibach. S. 67–84.
– / Abraham, Ulf (2016): Literaturdidaktik Deutsch. Eine Einführung. Berlin: 4., aktual. und erw. Aufl. Erich Schmidt.
Koch, Susanne (2009): Literatur – Film – Unterricht. Bewertungs-

grundlagen und didaktisches Potenzial der Literaturverfilmung für den Deutschunterricht am Beispiel »Eyes Wide Shut«. Würzburg: Königshausen & Neumann.

Krottenthaler, Erwin (Hrsg.) (2013): Literarisches Schreiben im Deutschunterricht (2011–2013). Erfahrungsberichte aus dem Fortbildungsprogramm aller weiterführenden Schularten in Baden-Württemberg. Stuttgart: lpz.

– (Hrsg.) (2020): Literarisches Schreiben im Deutschunterricht (2017–2019). Erfahrungsberichte aus dem Fortbildungsprogramm aller weiterführenden Schularten in Baden-Württemberg. Stuttgart: lpz.

Kuhn, Markus / Scheidgen, Irina / Weber, Nicola Valeska (2013): Was ist ein Genre? In: Filmwissenschaftliche Genreanalyse. Hrsg. von M. K. und I. S. Berlin: de Gruyter. S. 1–8.

Lehnen, Katrin (2014): Gemeinsam schreiben. In: Schriftlicher Sprachgebrauch / Texte verfassen. Hrsg. von Helmuth Feilke und Thorsten Pohl. Baltmannsweiler: Schneider. S. 414–431.

Liebnau, Ulrich (1995): EigenSinn. Kreatives Schreiben – Anregungen und Methoden. Frankfurt a. M.: Diesterweg.

Ludwig, Mark (2008): Geordnete Unordnung. Das Sammelsurium als Schreibverfahren der Jahrtausendwende. In: Zemanek / Krones (Hrsg.). S. 257–266.

Mattenklott, Gundel (1979): Literarische Geselligkeit – Schreiben in der Schule. Mit Texten von Jugendlichen und Vorschlägen für den Unterricht. Stuttgart: Metzler.

Mayer, Johannes (2017): Wege literarischen Lernens. Eine qualitativ-empirische Studie zu literarischen Erfahrungen und literarischem Lernen von Studierenden in literarischen Gesprächen. Baltmansweiler: Schneider.

Metz, Christian (2018): Poetisch denken. Die Lyrik der Gegenwart. Frankfurt a. M.: S. Fischer.

Mikota, Jana (2019): Druckerei. In: Außerschulische Lernorte für den Deutschunterricht. Anschlüsse – Zugänge – Kompetenzerwerb. Hrsg. von Dieter Wrobel und Christine Ott. Seelze: Klett/Kallmeyer. S. 44–46.

Moritz, Rainer (2009): Ein Forum für die Literatur. In:. Literaturbetrieb in Deutschland. 3., neugefasste Aufl. Hrsg. von Heinz Ludwig Arnold. München: Text + Kritik 2009. S. 123–129.

Neuweg, Georg Hans (2001): Könnerschaft und implizites Wissen. Zur lehr-lerntheoretischen Bedeutung der Erkenntnis- und Wissenstheorie Michael Polanyis. 2., korr. Aufl. Münster: Waxmann.

Nussbaumer, Markus / Sieber, Peter (1995): Über Textqualitäten reden lernen – z. B. anhand des »Zürcher Textanalyserasters«. In: Diskussion Deutsch 141. S. 36–52.

Oliver, José F. A. (2013): Lyrisches Schreiben im Unterricht. Vom Wort in die Verdichtung. Seelze: Klett/Kallmeyer.

Ortner, Hanspeter (1998): Das kreative Schreiben – halbierte Kreativität und halbierte Schriftlichkeit? In: ide. Informationen zur Deutschdidaktik 22. H. 4. S. 37–52.

Pieper, Irene / Stark, Tobias (2016): Einleitung. In: Neue Formen des Poetischen. Didaktische Potenziale der Gegenwartsliteratur. Hrsg. von I. P. und T. S. Frankfurt a. M.: Lang.

Poier, Wolfgang (2005): Naheidu. Minidramen verfassen und beurteilen. In: Praxis Deutsch 193. S. 40–45.

Polanyi, Michael (1958): Personal Knowledge. Towards a Post-Critical Philosophy. Chicago: Chicago University Press.

– (1985): Implizites Wissen. Aus dem Engl. übers. von Horst Brühmann. Frankfurt a. M.: Suhrkamp. [Engl. u. d. T. *The Tacit Dimension*, 1966.]

Radvan, Florian (2010): Die Entstehung literarischer Texte – ein Thema für den Deutschunterricht? In: Winkler/Masanek/Abraham (Hrsg.). S. 202–218.

Rau, Tilman (2014): Journalistisches Schreiben im Unterricht. Themenfindung, Recherchen, Textformen. Seelze: Klett/Kallmeyer.

– / Wörner, Ulrike (2016): Praxismaterial: Erzählendes Schreiben im Unterricht. Klassenroman: Handlungsstränge, Figurenentwicklung, Kapitelplanung. Seelze. Klett/Kallmeyer.

Richhardt, Thomas (2011): Szenisches Schreiben im Unterricht. Minidramen, Szenen, Stücke selber schreiben. Seelze: Klett/Kallmeyer.

Rico, Gabriele (1984): Garantiert schreiben lernen. Reinbek b. Hamburg: Rowohlt.

Rudloff, Holger (1991): Produktionsästhetik und Produktionsdidaktik. Kunsttheoretische Voraussetzungen literarischer Produktion. Opladen: Westdeutscher Verlag.
Schildt, Hilke (1980): Aus der poetischen Werkstatt – Gedichte in verschiedenen Fassungen. Dortmund: Crüwell/Concordia.
Schneider, Ute (2013): Literatur auf dem Markt – Kommunikation, Aufmerksamkeit, Inszenierung. In: Literaturbetrieb. Zur Poetik einer Produktionsgemeinschaft. Hrsg. von Philipp Theison. München: Fink. S. 235–248.
Schütte, Oliver (2010): »Schau mir in die Augen, Kleines!« Die Kunst der Dialoggestaltung. 2., überarb. Aufl. Konstanz: UVK.
Schuhmann, Klaus (1995): Lyrik des 20. Jahrhunderts. Materialien zu einer Poetik. Reinbek b. Hamburg: Rowohlt.
Schumacher, Katrin (2008): Totenstimmen. Phänomene phantomischen Erzählens in der Literatur um 2000. In: Zemanek/Krones (Hrsg.). S. 227–240.
Schuster, Karl (1995): Das personal-kreative Schreiben. Baltmannsweiler: Schneider.
Simonis, Annette (2001): Gestalttheorie von Goethe bis Benjamin. Diskursgeschichte einer deutschen Denkfigur. Köln: Böhlau.
Smith, Esther K. (2007): How To Make Books. Fold, Cut & Stitch Your Way to a One-of-a-Kind Book. New York: Potter Craft.
Sowa, Hubert (2018): Die Kunst und ihre Lehre. Fachsystematik – Bildungssinn – Didaktik: Tl. 1: Musen und TECHNE. München: kopaed.
Spinner, Kaspar H. (1993): Kreatives Schreiben. In: Praxis Deutsch 119. S. 17–23.
– (2006): Literarisches Lernen. In: Praxis Deutsch 200. S. 6–16.
Steinbrenner, Marcus (2004): »Experten der Textkultur«: Zum Stellenwert des literarischen Lesens in der Ausbildung von Lehrerinnen und Lehrern. In: Wege zum Lesen und zur Literatur. Hrsg. von Gerhard Härle und Bernhard Rank: Baltmannsweiler: Schneider. S. 179–185.
Stemmer-Rathenberg, Anke (2011): Zur Nachahmung empfohlen! Imitatives Schreiben zu Prosatexten. Baltmannsweiler: Schneider.
Sturm, Afra / Weder, Mirjam (2016): Schreibkompetenz, Schreib-

motivation, Schreibförderung: Grundlagen und Modelle zum Schreiben als soziale Praxis. Seelze: Klett/Kallmeyer.
– / Lindauer, Nadja / Sommer, Tim (2018): Rückmelden. Aufgaben- und lernzielbezogenes Feedback. In: Der Deutschunterricht 70. H. 3. S. 80–91.
Todorov, Tzvetan (1975): Einführung in die fantastische Literatur. Übers. aus d. Frz. von Karin Kersten, Senta Metz und Caroline Neubaur. München: Ullstein.
Tugendhat, Ernst / Wolf, Ursula (1983): Logisch-semantische Propädeutik. Stuttgart: Reclam.
Üttinger, Nicole (2005): Die Küchenuhr. Ein Kurzgeschichtenprojekt. In: Praxis Deutsch 193. S. 30–33.
Uhle, Mechthild (1996): Kreatives Schreiben als praktisch-künstlerische Arbeit in Klasse 9 und 10. In: RAAbits Deutsch/Sprache. März 1996.
Waldmann, Günter (1999): Produktiver Umgang mit Literatur im Unterricht. Grundriss einer produktiven Hermeneutik. 2., korr. Aufl. Baltmannsweiler: Schneider.
– / Bothe, Katrin (1992): Erzählen. Eine Einführung in kreatives Schreiben und produktives Verstehen von traditionellen und modernen Erzählformen. Stuttgart: Klett.
Weinert, Franz E. (2001): Vergleichende Leistungsmessung in Schulen – eine umstrittene Selbstverständlichkeit. In: Leistungsmessungen in Schulen. Hrsg. von F. W. Weinheim: Beltz. S. 17–32.
Wessels, Klaus (1999): Schreib, was du erfahren hast. Ein Arbeitsprojekt zur Entwicklung der schriftlichen Ausdrucksfähigkeit. In: Deutschunterricht 52. H. 3. S. 205–212.
Wicke, Ilona (1981): Gedichte erfahren – Erfahrungen verdichten. In: Praxis Deutsch 46. S. 41–44.
Winkler, Iris / Masanek, Nicole / Abraham, Ulf (Hrsg.) (2010): Poetisches Verstehen. Literaturdidaktische Positionen – empirische Forschung – Projekte aus dem Deutschunterricht. Baltmannsweiler: Schneider.
Wintersteiner, Werner (2010): Wir sind, was wir tun. Poetisches Verstehen als fachdidaktische Herausforderung. In: Winkler/Masanek/Abraham (Hrsg.). S. 23–36.

Wörner, Ulrike / Rau, Tilman / Noir, Yves (2012): Erzählendes Schreiben im Unterricht. Werkstätten für Skizzen, Prosatexte, Fotografie. Seelze: Klett/Kallmeyer.
Wrobel, Dieter / Ott, Christine (Hrsg.) (2019): Außerschulische Lernorte für den Deutschunterricht. Anschlüsse – Zugänge – Kompetenzerwerb. Seelze: Klett/Kallmeyer.
Zabka, Thomas (2013): Literarische Texte werten. In: Praxis Deutsch 241. S. 4–12.
– (2019): Akademisches Fachwissen für den Deutschunterricht? Anmerkungen zu Status und Funktion. In: Didaktik Deutsch 47. S. 10–13.
– (2020): Gespräche über Literatur. In: Praxis Deutsch 280. S. 4–11.
Zemanek, Evi / Krones, Susanne (2008): Eine Topographie der Literatur um 2000. Einleitung. In: Zemanek/Krones. S. 11–26.
– (Hrsg.) (2008): Literatur der Jahrtausendwende. Themen, Schreibverfahren und Buchmarkt um 2000. Bielefeld: transcript.
Zembylas, Tasos / Dürr, Claudia (2009): Wissen, Können und literarisches Schreiben. Eine Epistemologie der künstlerischen Praxis. Wien: Passagen-Verlag.

Zum Autor

ULF ABRAHAM, geb. 1954, war bis 2020 Inhaber des Lehrstuhls für Didaktik der deutschen Sprache und Literatur an der Otto-Friedrich-Universität Bamberg. Er hatte Gastprofessuren in den USA (Atlanta, GA, 2004) und in Österreich (Klagenfurt, 2009) inne und ist seit 2002 Mitherausgeber der Zeitschrift »Praxis Deutsch« sowie Träger des Erhard-Friedrich-Preises für Deutschdidaktik (2014). Seine Forschungsschwerpunkte liegen u. a. in der Didaktik der Literatur und ihrer Medien, der Theorie und Praxis des Umgangs mit Bild und Text sowie der Begleitung literarischen Schreibens im Unterricht. Siehe auch www.ulfabraham.de.